AF465253

MISSION AUX ARCHIVES VATICANES

RAPPORT
A M. LE MINISTRE DE L'INTÉRIEUR
ET
DE L'INSTRUCTION PUBLIQUE

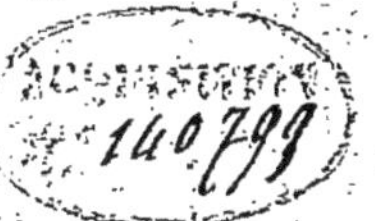

PAR

Alfred CAUCHIE,
DOCTEUR EN SCIENCES MORALES ET HISTORIQUES,
ASSISTANT A LA CONFÉRENCE D'HISTOIRE DE L'UNIVERSITÉ DE LOUVAIN.

BRUXELLES,
F. HAYEZ, IMPRIMEUR DE L'ACADÉMIE ROYALE DES SCIENCES,
DES LETTRES ET DES BEAUX-ARTS DE BELGIQUE,
rue de Louvain, 112.

1892

Extrait du tome II, nos 1-2, 5me série, des *Bulletins de la Commission royale d'histoire de Belgique.*

MISSION AUX ARCHIVES VATICANES.

Un événement qui restera à jamais mémorable dans les fastes de la science, c'est l'acte hautement libéral du souverain Pontife Léon XIII, lorsqu'en 1880 il a ouvert au monde des historiens les portes des archives vaticanes et mis à leur disposition les richesses de cet incomparable dépôt littéraire.

Dès lors de nombreux historiens de tous pays se sont donné rendez-vous dans le palais de la papauté; les sociétés savantes et plusieurs gouvernements de l'Europe ont fondé à Rome des instituts dont la mission consiste à rechercher et recueillir dans les archives de la cour romaine les matériaux relatifs aux points les plus divers et les plus importants de l'histoire : le Vatican est devenu un foyer d'activité où se reflète l'image des diverses universités de l'Europe, et, en même temps, un centre de travail d'où la lumière rayonne sur toutes les sphères des études historiques.

La Belgique n'est pas restée étrangère à ce mouvement international. Après diverses entreprises de l'initiative privée, le Gouvernement s'est décidé, sur les conseils de la Commission royale d'histoire, à patronner les recherches sur notre histoire aux archives du Vatican. C'est avec une profonde reconnaissance que je me rappelle que j'ai été le premier à bénéficier de ses encouragements. Ensuite d'une dépêche de votre honorable prédécesseur, M. Mélot, en date du 12 décembre 1890, vous avez en effet daigné, Monsieur le Ministre, m'accorder, le 9 mars 1891, une mission littéraire aux archives de Rome et de Naples.

En conséquence, je quittai la Belgique le 10 mars suivant. Le 12, j'étais à Rome où je suis resté jusqu'au 29 juin, époque des vacances aux archives vaticanes. Le lendemain, j'étais à Naples où j'ai travaillé jusqu'au 10 août.

De retour au pays natal, il m'incombe, Monsieur le Ministre, de vous rendre compte de ma mission. C'est là l'objet du présent rapport.

Dans mon projet de voyage en Italie, je me proposais d'étudier l'histoire des Pays-Bas durant le règne de Philippe II, et spécialement sous le gouvernement d'Alexandre Farnèse, duc de Parme. La Commission royale d'histoire avait antérieurement approuvé ce dessein. Dans sa séance du mois de janvier 1891, elle réitéra son approbation, tout en signalant à mon attention non seulement diverses pièces relatives à ce sujet, mais encore différentes autres questions intéressantes de notre histoire. C'est ainsi qu'il me fut exprimé le vœu de me voir dresser une liste des relations des nonces sur les affaires des Pays-Bas, rechercher les documents concernant le mariage de Jean IV, duc de Brabant, avec Jacqueline de Bavière, comtesse de Hainaut et de Hollande, étudier l'intervention d'Alexandre VI en faveur des immunités ecclésiastiques du duché de Brabant.

Assurément, c'était là un objet d'étude bien vaste et bien complexe. Mais, nous aimons à le reconnaître, la bienveillance du personnel des archives vaticanes et des membres des divers instituts historiques avec qui nous avons eu l'honneur de nous trouver en rapports, nous ont considérablement facilité ces recherches; ils ont grandement contribué à l'accomplissement de notre tâche : nous sommes heureux de leur exprimer ici notre plus vive gratitude.

Dans ce rapport sur le résultat de notre mission, nous parlerons des sujets que nous avons choisi ou que la Commission royale nous avait signalés, en les rangeant par ordre chronologique. Traitant des matières relatives au moyen âge, nous nous occuperons d'abord des relations de Martin V avec les Pays-Bas, ensuite des lettres d'Alexandre VI au sujet des immunités ecclésiastiques dans les Pays-Bas. De là nous passerons à l'époque de Philippe II.

Quant aux résultats de notre étude sur la nonciature de Flandre, nous en ferons l'objet d'une prochaine communication à la Commission royale d'histoire.

Nous nous réservons aussi de signaler à part les documents relatifs aux Pays-Bas que nous avons vus à Rome, en d'autres dépôts que les archives vaticanes, alors que nous cherchions d'y compléter les lacunes existant au Vatican dans la série des nonciatures de Flandre (1).

(1) La Commission royale nous avait encore demandé le dépouillement complet du manuscrit latin 5881 de la bibliothèque du Vatican. Nous en avons parcouru en entier les deux volumes. Mais à raison que la bibliothèque n'est ouverte qu'aux mêmes heures que les archives, la multiplicité de nos travaux dans celles-ci nous ont empêché d'achever l'analyse détaillée de ce manuscrit. Il en sera cependant question plus loin à propos des lettres d'Alexandre VI.

De nos recherches aux archives farnésiennes à Naples, il n'en sera point non plus question ici. D'ailleurs, comme nos recherches dans cette ville ont porté principalement sur les documents relatifs à la correspondance de Granvelle, nous nous en remettons sur ce point au rapport de M. Ch. Piot, archiviste général du royaume, chargé de la publication officielle de cette correspondance : dans une lettre du 12 décembre 1891, il nous a, en effet, déclaré qu'il se chargeait de rendre compte de nos travaux à ce sujet. Il est vrai qu'à Naples nous nous sommes aussi occupé de la correspondance d'Alexandre Farnèse avec sa mère, Marguerite de Parme, et de celle de Francesco di Marchi avec Daniele di Bomalès. Mais en ce qui concerne les lettres échangées entre Alexandre Farnèse et sa mère, nous devons, faute de temps, remettre à plus tard nos communications. Quand à la correspondance de di Bomalès avec di Marchi, nous pouvons nous dispenser d'en parler, puisque nous la publions en ce moment dans le tome XXIII des *Analectes pour servir à l'histoire ecclésiastique de la Belgique.*

En ce qui concerne nos recherches à Rome, nous avons dû, on le voit, travailler sur des sujets bien hétérogènes. Mais tous appartiennent à notre histoire, et d'ailleurs, nous l'avons dit, nous les exposerons selon l'ordre chronologique. C'est ce qui mettra quelque peu d'ordre et d'unité dans un rapport sur des points divers et sur des recherches restées forcément incomplètes à divers égards. Du reste, à raison même de cette diversité d'objets, il y aura cet avantage que nous serons amenés à faire entrevoir, d'une part en parlant de Martin V et d'Alexandre VI, quelques-unes des sources qu'il y aurait à consulter au Vatican pour l'histoire de notre moyen âge, d'autre part en traitant de l'époque de Philippe II, celles qui ont trait à l'histoire moderne. Il ne s'agit pas cependant d'entrer dans un examen de ces sources : c'est là l'objet d'un travail spécial, entrepris depuis quelque temps déjà.

A la suite de notre exposé, nous donnerons en appendice quelques documents répondant aux desiderata que la Commission royale d'histoire nous avait exprimés.

Ces considérations générales finies, nous entrons dans le détail. Et d'abord parlons du pontificat de Martin V.

§ I. — Martin V et les Pays-Bas.

Certes, c'est une question bien intéressante que l'histoire des aventures matrimoniales de Jacqueline de Bavière. Pour rechercher les actes de la cour romaine relatifs à ce sujet, il y avait à compulser le bullaire d'un pontife dont les relations avec les Pays-Bas avaient été bien multiples, et cela à une époque marquante de notre histoire et de celle de la papauté. C'est une époque où, d'une part, au milieu de ses préoccupations d'unification territoriale, Philippe le Bon se trouve engagé dans les funestes dissensions de la maison de France et les luttes sanglantes de la guerre de Cent ans; c'est, d'autre part, une époque où la papauté, reprenant enfin conscience d'elle-même après un douloureux schisme, travaille à détruire partout les efforts des hérésies naissantes, à pacifier les princes chrétiens et à promouvoir une nouvelle croisade. En étudiant la question de Jacqueline de Bavière, nous pouvions donc espérer de rencontrer des pièces concernant divers autres points de notre histoire à cette époque.

Mais pour accomplir les recherches nécessaires, quel

vaste travail nous était réclamé! Car il ne nous fallut pas longtemps pour constater que le manuscrit D. 101 de la bibliothèque des princes Chigi que M. le secrétaire de la Commission royale d'histoire nous avait signalé, ne pouvait résoudre la question indiquée au sujet de Jacqueline de Bavière. Il nous incombait donc dès lors de parcourir aux archives mêmes du Vatican les registres de Martin V, c'est-à-dire quinze manuscrits volumineux. Le temps dont nous pouvions disposer à Rome n'eût pas suffi pour accomplir une telle tâche. Mais il nous est échu un bonheur exceptionnel.

M. l'abbé Vernet, chapelain de Saint-Louis des Français, avantageusement connu pour sa collaboration au savant *Répertoire des sources du moyen âge,* publié par M. le chanoine U. Chevalier, s'occupait précisément de l'analyse des registres de Martin V, et après trois années d'incessants labeurs, il arrivait au terme de son étude. Si c'est un esprit distingué, un travailleur infatigable, M. l'abbé Vernet est aussi une âme vraiment française, douée de toutes les qualités du cœur qui font l'apanage de sa nation. En ce qui me concerne, il a poussé la bienveillance et la générosité jusqu'à m'admettre dans son cabinet de travail aux heures où les archives vaticanes étaient fermées; il m'a donné pleine liberté de consulter ses notes personnelles et d'en extraire ce qui pouvait intéresser notre histoire.

J'ai largement profité de cette permission; car j'ai recueilli l'analyse de plus de cent cinquante bulles ou brefs intéressant nos pays. Un grand nombre de ces documents ont trait aux nominations ecclésiastiques, aux nonces collecteurs, aux négociations de la paix entre le duc de Bourgogne et la maison de France, aux pèlerinages en Terre-Sainte et à la croisade, aux hérésies, enfin au mariage de Jacqueline de Bavière avec Jean IV de Brabant. Mais, preuve nouvelle des lacunes qu'on regrette dans ces archives : nous n'avons point retrouvé diverses bulles relatives à notre histoire, connues d'ailleurs, notamment la bulle d'érection de l'Université de Louvain.

En ce qui concerne les analyses dont M. l'abbé Vernet nous a donné communication, nous nous proposons de n'en donner le détail que plus tard. Nous ne signalerons ici que les actes dont nous avons pris, aux archives mêmes, le texte complet.

Parlons d'abord des pièces relatives au mariage de Jacqueline de Bavière avec Jean IV, duc de Brabant.

I. — *Mariage de Jacqueline de Bavière avec Jean IV, duc de Brabant.*

Des actes pontificaux analysés ou édités dans leur texte complet par M. Léopold Devillers, le savant et dévoué archiviste de l'État à Mons (1), nous n'avons rencontré que les deux suivants :

1. Constance, 5 janvier 1418. Martin V révoque la dispense qu'il avait précédemment accordée pour le mariage de Jean IV, duc de Brabant, avec Jacqueline de Bavière, comtesse de Hainaut. *Romanus pontifex cum naturam...* (2)

Reg. Vat. t. CCCLII, f. 22.

2. Constance, 30 mars 1418. Martin V révoque la dispense qu'il avait accordée, le 22 décembre précédent, au duc Jean IV de Brabant et à la duchesse Jacqueline de Bavière,

---

(1) *Collection des chroniques belges inédites : Cartulaire des comtes de Hainaut*, t. IV. Bruxelles, 1889.

(2) Voyez le texte dans Devillers, *ouvrage cité*, p. 111, et dans De Dynter, *Chronique des ducs de Brabant*, éd De Ram, t. III, pp. 360 et suivantes. Bruxelles, 1857.

comtesse de Hainaut, de Hollande et de Zélande; il leur interdit, comme il l'avait déjà fait le 5 janvier, de donner suite à leur mariage, et, dans le cas où celui-ci aurait eu lieu, il leur ordonne de s'en déporter et de tenir ce mariage pour nul. *Pridem videlicet XI kalendas januarii...* (1)

Reg. Vat. t. CCCLII, f. 61.

Nous avons, d'autre part, trouvé trois pièces, inédites croyons-nous, dont nous donnons le texte dans l'appendice I.

1. Constance, 5 janvier 1418. Martin V à l'archevêque de Cologne Thierry de Moers, à l'évêque d'Utrecht Frédéric III et à celui de Liège Jean VI de Bavière. Bulle en exécution de celle de la même date révoquant la dispense accordée pour le mariage de Jean IV de Brabant avec Jacqueline de Bavière. *Hodie siquidem ex certis.*

Reg. Vat. t. CCCLII, f. 25.

2. Constance, 5 janvier 1518. Martin V aux évêques d'Utrecht, de Cambrai (Jean V de Gavre) et de Liège. Même teneur que la lettre précédente. *Hodie siquidem ex certis...*

Reg. Vat. t. CCCLII, f. 25.

3. Sans date. Martin V à Humfroi, duc de Glocester. Sytton lui ayant rapporté que le duc de Glocester s'était plaint de sa lenteur à donner une décision au sujet de l'union du duc avec Jacqueline de Bavière, alors qu'un nonce du pape aurait déclaré que celui-ci regardait comme évidemment juste la cause du duc, le pape déclare que le nonce n'a pu dire rien de pareil, et que c'est par intérêt qu'il a parlé ainsi. Le pape a seulement déclaré qu'il serait heureux si le mariage de Jacqueline avec Jean IV de Brabant était réellement nul, comme beaucoup de personnes le croyaient, à ce qu'on lui a rapporté. *Veniens ad nos ex parte Excellentiæ suæ...*

Arm. XXXIX, t. V, pars 2ª, f. 36'.

(1) Voyez le texte dans Rymer, *Acta publica Angliæ*, t. IX, p. 566.

4. Sans date. Martin V à ... Le pape se plaint qu'on ait rapporté à Humfroi, duc de Glocester, qu'il aurait dit en pleine assemblée que le duc a raison dans la controverse au sujet de son union avec Jacqueline de Bavière : ce pourquoi le duc serait contrarié de la lenteur du jugement. Le Saint-Père déclare qu'il n'a rien dit de pareil, et qu'on n'a pu parler ainsi au duc que par intérêt. Il a simplement manifesté sa joie de ce qu'un grand nombre de personnes attestaient que le duc avait la justice pour lui. *Quotidie refertur nobis.*

Arm. XXXX, t. V, pars 2ª, f. 33'.

Au milieu des luttes dont le mariage de Jacqueline de Bavière avec Humfroi, duc de Glocester, fut l'occasion, celui-ci, à la suite d'une lettre comminatoire de Philippe, duc de Bourgogne (3 mars 1425) (1), lui adressa un cartel pour le provoquer en duel (16 mars 1425) (2); Philippe accepta le défi (3). Le pape Martin V intervint alors pour empêcher ce combat singulier. Raynald (4) a publié un bref de ce pontife, du 29 avril 1425, adressé au roi des Romains, aux autres rois, aux seigneurs, etc., de la chrétienté, dans le but d'arrêter le duel. Nous signalerons un bref analogue à l'adresse du duc de Bourgogne lui-même.

Rome 1er mai 1425. Martin V à Philippe le Bon, duc de Bourgogne. Il s'étonne et s'afflige que la colère ou l'ambition le pousse, lui et le duc de Glocester, à se battre en duel; ce qui est défendu par la loi divine et la loi humaine. Il déclare que le duel ne peut être ni une défense de l'honneur, ni une manifestation de la justice et de la vérité; mais que c'est une œuvre

---

(1) Voyez Devillers, *ouvrage cité*, p. 418.
(2) *Ibidem*, p. 452.
(3) *Ibidem*, p. 454.
(4) *Annales ecclesiastici*, édition de Cologne 1694, t. XVIII, p. 73.

du démon; il rappelle au duc sa qualité de prince royal et de prince chrétien; il le supplie, au nom de Jésus-Christ, de ne pas répandre son sang ni celui de son prochain; il lui défend, sous peine d'excommunication, dont il ne pourra être relevé que par le souverain pontife, *in articulo mortis*, d'en venir à ce combat singulier, de provoquer le duc de Glocester ou d'accepter de sa part une provocation en duel (1). *Magno cum animi nostri dolore...*

Arm. XXXIX, t. V, f. 171', et t. IV, f. 140 (2).

II. — *Les hérésies.* — *Nicolle Serrurier.*

Au cours de nos recherches concernant le mariage de Jacqueline de Bavière, il nous a été donné de mettre la main sur diverses lettres pontificales relatives à une question beaucoup moins étudiée, mais non moins intéressante que la précédente : l'hérésie de Nicolle Serrurier, professeur de l'ordre des Frères ermites de Saint-Augustin, qui propagea dans les diocèses de Tournai et de Cambrai de nombreuses erreurs théologiques. Jusqu'ici il nous était connu par une bulle de Martin V, datée de Florence, 6 janvier 1420 (3). Mais bien que cette bulle ait été publiée

(1) Voyez le texte dans l'appendice I, n° 4.

(2) Lorsque nous indiquons plusieurs volumes, nous citons d'abord celui dont le texte nous paraît le meilleur.

(3) *Annales ecclesiastici*, t XVIII, p. 28 — Il est également question de lui dans les *Extraits analytiques des anciens registres des consaux*, publiés par H. Vandenbroeck dans les *Mémoires de la société historique et littéraire de Tournai* (1861), t. VII, p. 127. D'après ces registres des consaux, le 7 mai 1416, à la requête de l'évêque et du chapitre de Notre-Dame, les prévôts et jurés de Tournai firent opérer l'arrestation, dans l'église des Augustins de Tournai, de frère Nicolle Serrurier, religieux de ce couvent, accusé d'hérésie. Le prisonnier fut ensuite transféré dans les prisons de l'évêque.

par Raynald et rééditée plusieurs fois depuis dans divers recueils, Nicolle Serrurier a passé si inaperçu de nos historiens, qu'il n'en est pas même question dans le *Corpus documentorum inquisitionis haereticae pravitatis Neerlandicae*, publié, en 1889, par les membres du cours pratique d'histoire de M. Paul Fredericq, professeur d'histoire à l'Université de Gand. Ce recueil est d'ailleurs fort complet. Nous avons retrouvé dans les registres de Martin V ce document dont nous avons collationné le texte. De plus, nous avons constaté l'existence et pris copie de diverses autres lettres pontificales sur ce sujet. Nous nous proposons d'en faire l'objet d'un article séparé. Il nous suffira donc pour le moment d'en donner l'indication.

1. Florence, 6 janvier 1421. Martin V à tous les patriarches, évêques, etc., de la chrétienté. Le souverain Pontife relate les erreurs relevées par Jean de Thoisy, évêque de Tournai, à charge de Nicolle Serrurier, qui troublait les diocèses de Tournai et de Cambrai; l'enquête faite au sujet de cet hérétique par Jean, patriarche de Constantinople, d'abord sur commission du concile de Constance, ensuite sur commission de Martin V lui-même après son avènement, le résultat de cette enquête conforme à celui de l'enquête de l'évêque de Tournai, la condamnation et la soumission de Nicolle Serrurier; l'examen nouveau de sa cause par le cardinal de Sainte-Suzanne, sur l'ordre du pape; la confirmation et la mise à exécution des décisions du patriarche de Constantinople. Le souverain Pontife ordonne aux patriarches, aux évêques, etc., de publier dans les diocèses de Tournai, de Cambrai, dans les régions voisines de ces diocèses et ailleurs, s'il est utile, les sentences portées contre Nicolle Serrurier; il leur ordonne de le châtier, s'il n'obéit pas, de poursuivre et de punir également

tous ses sectateurs, avec l'aide du bras séculier, s'il est nécessaire, et, à cet effet, il leur donne tous les pouvoirs et facultés requis. *Ad hoc præcipue disponente Domino...*

Reg. Vat., t. CCCLVIII, f. 72.

2. Sans date. Martin V à Guillaume IV de Challant, évêque de Lausanne. Ayant appris que Nicolle Serrurier, contre lequel ont procédé jadis l'évêque de Tournai et le patriarche de Constantinople, et ensuite le cardinal de Sainte-Suzanne, a été de nouveau arrêté pour cause d'hérésie, et qu'il est détenu à Lausanne par l'inquisiteur *hæreticæ pravitatis*, le pape ordonne à l'évêque de Lausanne, à raison que Nicolle Serrurier est contumace, de veiller à ce qu'il ne soit pas relâché et à ce qu'il ne reste pas impuni, de procéder et de faire procéder contre lui, afin qu'il soit puni et que son châtiment serve d'exemple. *Intelleximus quod ille Nicolaus...*

Arm. XXXIX, t. VI, f. 96, et t. V, f. 122.

3. Sans date. Martin V à l'évêque de Lausanne. Ne voulant pas que Nicolle Serrurier, qui est détenu par l'évêque de Lausanne, reste impuni, le souverain Pontife informe l'évêque que ce Nicolle Serrurier a jadis infecté le peuple de Tournai de fausses doctrines, scandalisé le clergé et répandu plusieurs erreurs des wiclefistes et des hussites, qu'il a été condamné et s'est rétracté au concile de Constance et que, contrairement à la sentence portée contre lui, il s'est rendu dans les villes, les diocèses et les pays qui lui étaient interdits, qu'il y a prêché publiquement, qu'il ne s'est pas soumis aux deux années de réclusion qu'on lui imposait dans le monastère de son ordre à Metz, qu'à Florence il a soulevé les ordres mendiants pour faire révoquer le jugement, qu'il est parvenu à soumettre sa cause au cardinal de Sainte-Suzanne, mais que celui-ci a confirmé la sentence. Quel que soit le motif de son arrestation, le pape ordonne à l'évêque, pour les raisons

susdites, de maintenir Nicollè Serrurier en prison et de le faire châtier selon ses fautes. A cet effet, le pape enverra sans tarder à l'évêque les actes originaux du procès. *Sicut pridie tibi...*

Arm. XXXIX, v. VI, f. 93, et v. V, f. 121.

4. Sans date. Martin V à Amédée, duc de Savoie. Il l'informe des ordres donnés à l'évêque de Lausanne au sujet de Nicolle Serrurier, et l'invite à prêter son appui à l'évêque, si les laïcs voulaient empêcher ou troubler le cours de la justice, et même à conseiller à l'évêque de se montrer non seulement juste, mais rigoureux, afin de faire un exemple. *Audivimus quod quidam...*

Arm. XXXIX, v. VI, f. 58.

5. Rome, 12 novembre, 1423. Martin V à Guillaume, évêque de Lausanne et à Orric de Torrente, inquisiteur de la ville et du diocèse de Lausanne. Il a reçu leurs lettres l'informant de la détention de Nicolle Serrurier, accompagnées de l'acte de confession publique de ce personnage, et demandant ce qu'il fallait faire de lui, attendu que Nicolle Serrurier prétendait être en route pour le concile de Constance. Ayant vu par là que vraisemblablement l'évêque et l'inquisiteur ne possédaient pas alors le texte du jugement antérieur, il leur ordonne d'exécuter ce jugement dont il leur envoie la teneur. Néanmoins, s'ils trouvent que Nicolle Serrurier est relaps, ils doivent lui appliquer les peines du droit canon. Il faut frapper les contradicteurs des censures ecclésiastiques et demander, au besoin, l'appui du bras séculier. *Inter precipuas solicitudines ..*

Reg. Vat., t. CCCLV, f. .

6. Rome, 16 mars 1424. Martin V à Orric de Torrente, de l'ordre de Saint-Dominique. Le pape rappelle que pour empêcher les erreurs de Nicole Serrurier de provoquer des troubles dans le peuple chrétien, il a écrit le 12 novembre à Orric et à l'évêque de Lausanne une lettre dont il rappelle la

teneur. Cependant l'évêque, bien qu'il ait été plusieurs fois requis d'exécuter les ordres contenus dans cette lettre, a différé de les accomplir sous divers prétextes. Le pape enjoint à Orric de Torrente de les mettre promptement à exécution, de procéder seul, s'il le faut, et de demander, s'il est nécessaire, l'appui du duc Amédée de Savoie ou de toute autre personne. Il lui donne pleins pouvoirs à cet effet. *Etsi in quibuslibet causis..*

Reg. Vat., t. CCCLV, f. 8.

7. Rome, 16 mars 1424. Martin V à Thiebaud de Rougemont, archevêque de Besançon. Ayant appris que Nicolle Serrurier n'avait pas exécuté le jugement porté contre lui au concile de Constance et qu'il se trouvait dans les prisons de l'évêque de Lausanne, le pape informe l'archevêque de Besançon qu'il a écrit à l'évêque de Lausanne et à Orric de Torrente, inquisiteur de ce diocèse et de plusieurs autres, mais que l'évêque ne fait rien. Il a donc écrit de nouveau à Orric de Torrente, mais il doute que celui-ci procède seul. C'est pourquoi il charge l'archevêque d'évoquer la cause à son tribunal, s'il apprend qu'Orric ne veut pas la traiter, de la reprendre au point où elle aura été laissée et de la terminer promptement. *Ad augmentum catholice fidei...*

Reg. Vat., t. CCCLV, f. 9.

Au moment où Martin V s'attachait à châtier Nicolle Serrurier, d'autres hérétiques étaient aussi, à Tournai même, l'objet des sévérités judiciaires des autorités ecclésiastiques et civiles, comme on peut le constater dans le travail de M. Paul Fredericq. L'exécution de l'un d'entre eux, vraisemblablement celle de Gilles Mersault, remplit de joie le souverain pontife. Nous signalerons trois de ses lettres à ce sujet.

1. (1423). Martin V à Jean de Thoisy, évêque de Tournai. A la suite de sa lettre et de celle de son chapitre, le pape lui

adresse des félicitations pour son zèle à confirmer dans la foi le peuple confié à ses soins et pour le supplice infligé à un hérétique. Le souverain Pontife engage l'évêque à couper dans leurs racines les maux de ce genre; et pour cela celui-ci doit, d'une part, amputer les membres gangrenés, d'autre part, greffer de bons rameaux. Il l'invite donc à instruire et corriger son clergé, afin que celui-ci ne prête pas prise à la médisance, et l'exhorte à donner lui-même le bon exemple. *Cognovimus ex tuis...*

Reg. Vat., t. CCCLIX, f. 15' et 190'; arm. XXXIX, v. V, pars 2ª, f. 26.

2 (1423). Martin V au doyen et au chapitre de la cathédrale de Tournai. A la suite de leur lettre lui annonçant le supplice d'un certain hérétique obstiné, il leur adresse des félicitations, les prie d'amputer les autres membres gangrenés, s'il en existe, et les exhorte à se corriger eux-mêmes et à engager tout le clergé à se réformer. *Intelleximus ex litteris vestre dilectionis...*

Reg. Vat., t. CCCLIX, f. 17 et 192'; arm XXXIX, v. V, pars 2ª, f. 29.

3. (1423). Martin V aux (prévôts et jurés) de Tournai. Le pape les félicite de l'exécution d'un certain hérétique obstiné. Il les engage à agir de même, s'il y a quelque autre membre putride, et les exhorte à ne pas se laisser entraîner par l'exemple des mauvais, mais à suivre celui des bons, à se régler d'après la doctrine que leur enseigne l'Église, même par l'organe de prêtres indignes, et à prier pour la conversion de ceux-ci. *Ex litteris quas nuper...*

Reg. Vat., t. CCCLIX, f. 16 et 191'; arm. XXXIX, v. V, pars 2ª, f. 27.

Pour terminer ces indications, il nous reste à mentionner deux lettres concernant l'hérésie.

1. (Sans date). Martin V aux comtes, aux barons et aux chevaliers du duché de Luxembourg. Le souverain Pontife les

prie et les requiert de prendre les armes pour détruire les hérétiques qui infestent le royaume de Bohême et qui se sont soulevés à main armée contre le catholicisme. *Si aliqua heresis...*

Arm. XXXIX, v. V, f. 29, et v. IV, f. 119.

2. (Sans date). Martin V à Gérard, comte de la Marck. Même objet et même teneur que la précédente. *Si aliqua heresis...*

Arm. XXXIX, v. VI, f. 56.

§ II. — Lettres d'Alexandre VI pour défendre les immunités ecclésiastiques dans le duché de Brabant.

Pour répondre au désir de la Commission royale, nous passons immédiatement de l'époque de Martin V à celle d'Alexandre VI, époque bien différente de la précédente, non seulement dans l'histoire de la papauté, mais aussi dans l'histoire même des Pays-Bas. Aux temps de Martin V l'unification territoriale de nos provinces ne faisait que commencer. Au moment où Alexandre VI ceignit la tiare pontificale, l'unification des Pays-Bas était, peut-on dire, œuvre achevée; la politique absolutiste de nos princes, après avoir subi un recul sous Marie de Bourgogne, venait de triompher de la réaction particulariste et allait poursuivre sa marche avec une énergie nouvelle. Or, il était évident que les efforts de centralisation du pouvoir princier, fortement appuyés sinon parfois même dirigés par l'élément légiste, ne pouvaient manquer de se heurter aux privilèges et aux immunités du clergé national et même aux droits du Saint-Siège. Mais à raison de ce que les principaux dignitaires ecclésiastiques du pays étaient liés à la politique princière, il ne pouvait y avoir de leur part une résistance sérieuse. Il n'en fut pas de même de la part de la papauté. Au sein même des plaisirs que l'on a reprochés à sa cour, Alexandre VI travailla énergiquement à défendre et à promouvoir l'autorité de l'Église, surtout dans le domaine politique. Nous en avons un exemple frappant dans les lettres qu'il adressa dès le début de son pontificat à Philippe le Beau, duc de Bourgogne et à divers personnages des Pays-Bas. Ces lettres nous exposent à la fois et les atteintes portées aux immunités de l'Église et les efforts du pape pour défendre celles-ci. Précisément, ce sont les pièces que la Commission royale d'histoire avait exprimé le vœu de nous voir rechercher. Nous en donnerons ici l'énumération, renvoyant pour le texte à l'appendice II.

Ces divers documents sont tous contenus dans le tome XVIII de l'*Armario LIII des archives vaticanes*. Plusieurs d'entre eux se trouvent aussi dans le manuscrit 3881 du fonds vatican latin de la Bibliothèque du Vatican.

1. Rome, vers le 22 octobre 1492. Le pape Alexandre VI à Jean de Houthem, chancelier de Brabant. Il lui reproche d'évoquer les ecclésiastiques à son tribunal, d'instruire en matière de biens et droits ecclésiastiques et sacrés, d'enfreindre, au mépris des concessions du Saint-Siège, les privilèges des personnes ecclésiastiques, même de celles qui résident en cour romaine, et ceux des élèves et des maîtres de l'Université de Louvain, d'attaquer dans ses paroles le Saint-Siège et la cour romaine, d'amoindrir la juridiction ecclésiastique en matière religieuse, d'empêcher l'instruction des causes de son ressort et l'appel au tribunal du Saint-Siège; il lui reproche aussi de soumettre les biens et les droits de l'Église et de ses ministres aux tailles et aux impôts, de confisquer ces biens et de soutenir qu'ils doivent être distraits. Il lui ordonne, sous peine de damnation, d'excommunication, *latæ sententiæ*,

et de perpétuelle infamie, d'annuler ses actes antérieurs et de s'abstenir désormais d'en poser de semblables. *Crebris tam fisci curie nostre querelis...*

Archives vaticanes, arm. LIII, t. XVIII, f. 149'.

2. Rome, vers le 22 octobre 1492. Alexandre VI aux membres de la Chancellerie du conseil de Brabant. Après leur avoir signalé les atteintes portées avec l'appui de leurs votes et de leurs suffrages à l'autorité du Saint-Siège ainsi qu'aux immunités judiciaires et fiscales de l'Église, il leur ordonne de révoquer les actes antérieurs et d'éviter à l'avenir tout acte semblable, sous peine d'excommunication, *latæ sententiæ. Sicut pro certo didicimus...*

Archives vaticanes, arm. LIII, t. XVIII, f. 149'; ms vat. latin, 3881, f. 303.

3. Rome, 22 octobre 1492. Alexandre VI à Philippe le Beau, duc de Bourgogne. Après avoir rappelé les atteintes à l'autorité du Saint-Siège et aux libertés de l'Église qui se commettent dans ses États, spécialement dans le duché de Brabant, atteintes dont il ne rend pas le jeune duc responsable, bien qu'il pourrait s'émanciper de son précepteur, le pape l'engage à ne jamais permettre que ses sujets battent en brèche les droits du Saint-Siège et à révoquer les actes qui les ont blessés. *Auctoritatem sancte apostolice sedis...*

Archives vaticanes, arm. LIII, t. XVIII, f. 149; ms vat. latin, 3881, f 303'.

4. Rome, vers le 22 octobre 1492. Alexandre VI à Jean de Horne, évêque de Liège. Le pape énumère les atteintes portées à l'autorité du Saint-Siège et aux immunités de l'Église dans les états de Philippe le Beau, spécialement dans le duché de Brabant. Il reproche à l'évêque de ne pas avoir défendu les droits

de l'Église ou de n'avoir pas au moins informé le Saint-Siège de la situation. Il lui ordonne, sous peine de suspense et d'interdit, de soutenir la bonne cause. Si c'est nécessaire, le pape lui prêtera secours. Il l'informe qu'il a écrit à ce sujet à Jean de Houthem. Si celui-ci n'obéit pas, l'évêque doit faire proclamer dans toutes les églises et tous les monastères de la ville et du diocèse de Liège que le chancelier et ses adhérents sont sous le coup des censures et des peines dont le pape les a menacés, et qu'il faut éviter toute relation avec eux, jusqu'à ce qu'ils se soient soumis. *Audivimus et quidem invitis auribus...*

Archives vaticanes, arm. LIII, t. XVIII, f. 158; ms vat. latin 5881, f. 303'.

5. Rome, vers le 22 octobre 1492. Alexandre VI aux abbés des monastères de Parc et d'Affligbem, Thierry et Goswin. Il leur reproche de ce qu'ils ne s'opposent pas aux atteintes portées dans le duché de Brabant à l'autorité du Saint-Siège et aux immunités de l'Église, et de ce qu'au moins ils n'avertissent pas le Saint-Père de la situation, alors qu'ils sont tous les jours à la chancellerie du roi Maximilien et de l'archiduc Philippe. Il leur ordonne, sous peine d'excommunication, de défendre la cause du Saint-Siège et de l'Église auprès de l'archiduc, des courtisans, des seigneurs, des gouverneurs et des conseillers. Ils seront en cela appuyés par les évêques de Liège et de Cambrai, si ceux-ci exécutent les ordres du pape. En cas contraire, le Saint-Père enjoint aux abbés de faire procéder par eux-mêmes dans les églises et les monastères des villes et des diocèses de Cambrai et de Liège, aux publications indiquées dans ses lettres à ces deux évêques. *Quid hoc audimus...*

Archives vaticanes, arm. LIII, f. 150'; ms vat. latin, 5881, f. 304.

6. Rome, vers le 22 octobre 1492. Alexandre VI à François de Busleyden, prévôt de la cathédrale de Liège. Le pape lui

reproche, à lui précepteur de l'archiduc Philippe, de n'avoir pas combattu ou du moins de n'avoir pas dénoncé à Rome les empiétements commis sur l'autorité du Saint-Siège et les immunités de l'Église. Il lui rappelle son devoir d'apprendre son élève à craindre Dieu et à l'honorer dans ses ministres. *Quia nostra et universa...*

Archives vaticanes, arm. LIII, t. XVIII, f. 150'; ms vat. latin, 3881, f. 304.

7. Rome, vers le 22 octobre 1492. Alexandre VI à Jean Carondelet, chancelier d'Autriche et de Bourgogne. Le pape s'étonne que lui qui a professé le droit civil et ecclésiastique et qui est en position de défendre les principes, il ne s'oppose pas aux empiètements sur les immunités de l'Église dans les États de l'archiduc Philippe. Il l'engage à user de ses conseils et de son autorité pour promouvoir les droits de la juridiction ecclésiastique, à ne pas blesser et à ne point laisser blesser l'autorité du Saint-Siège par les autres conseillers du prince et par les juges inférieurs, à réparer et à faire réparer les fautes commises. *Audivimus et quidem amaro animo...*

Archives vaticanes, arm. LIII, t. XVIII, f. 151; ms. vat. latin, 3881, f. 304'.

8. Rome, vers le 22 octobre 1492. Alexandre VI à Albert, duc de Saxe. Il l'exhorte en sa qualité de membre du conseil de régence de l'archiduc Philippe à ne pas léser les droits de l'Église en protégeant ceux de l'archiduc, et à faire de celui-ci un protecteur de l'Église. *Intelligimus te per carissimum...*

Archives vaticanes, arm. LIII, t. XVIII, f. 151'; ms. vat. latin, 3881, f. 303.

9. Rome, vers le 22 octobre 1492. Alexandre VI au comte Adolphe IV de Nassau. Il lui relate les atteintes portées par Jean de Houthem aux droits de l'Église et du Saint-Siège, et

l'engage à user de son crédit auprès du roi Maximilien et de l'archiduc Philippe pour rappeler à leur devoir Jean de Houthem et ses adhérents. *Nimium ut variis ad nos...*

Archives vaticanes, arm. LIII, t. XVIII, f. 151'.

10. Rome, vers le 22 octobre 1492. Alexandre VI à Jean de Berghes. Il lui expose les empiétements de Jean de Houthem sur les droits de l'Église et du Saint-Siège, et l'engage à corriger les fautes commises et à ne pas permettre que l'archiduc Philippe s'écarte de ses devoirs vis-à-vis de la papauté. *Non modicum et multis modis...*

Archives vaticanes, arm. LIII, f. 152.

§ III. — Les Pays-Bas au temps de Philippe II.

Après ces indications relatives à des temps bien divers de notre moyen âge, nous aborderons de suite l'époque de Philippe II, celle que nous nous étions proposé d'étudier spécialement durant notre séjour à Rome. Certes, il n'en est point dans toute l'histoire des Pays-Bas qui, tant au point de vue national qu'au point de vue international, tant au point de vue religieux, qu'au point de vue politique, ait vu se dérouler des événements aussi multiples et aussi importants : après trois siècles, les agitations et les luttes de cet âge éveillent encore la curiosité et remuent les cœurs, comme si elles s'accomplissaient sous nos regards.

A la vérité, d'innombrables documents, exhumés des divers dépôts d'archives de l'Europe, d'innombrables travaux d'histoire ont été publiés sur ce sujet. Mais jusqu'ici les archives vaticanes sont restées, peut-on dire, inexplorées à ce point de vue. Or, si avant de reconstruire dans son ensemble l'histoire de cette époque, il faut en avoir rassemblé tous les matériaux, si, avant de porter un jugement définitif sur les personnages et les événements de ce temps, il faut avoir compulsé toutes les pièces du procès, n'est-il pas éminemment utile de fouiller ces archives où la papauté a réuni tant de trésors historiques?

Voilà pourquoi, avec l'approbation de la Commission royale d'histoire, nous avions choisi cette époque pour objet principal de notre étude. Et comme les temps du gouvernement d'Alexandre Farnèse (1578-1592) ont été jusqu'ici moins examinés que les précédents, nous nous y serions appliqué exclusivement, n'eût été l'obligation de rechercher diverses pièces de la période précédente. Par là nous avons été forcé d'étendre nos investigations à l'ensemble des temps de Philippe II.

Certes, dès recherches sur un terrain si vaste, dans des archives si considérables, ce n'est pas en trois mois et demi qu'il nous a été possible de les terminer, alors que, si l'on défalque les jours de congé et de fêtes, les archives ne sont guère accessibles en moyenne plus de quatre jours par semaine et cela pour trois heures et demie, alors surtout qu'une partie notable de notre temps a été absorbée par d'autres travaux.

Aussi, force nous a été de restreindre nos études. Par exemple, nous n'avons pu examiner ni la collection des registres, ni celle des brefs, ni les fonds des bibliothèques Carpegna, Piò, Ottoboni, Spada, Albani et Bolognetti, réunies aux archives vaticanes, ni même les nonciatures de ce temps, à part quelques volumes. Nous regrettons d'autant plus de n'avoir pu compulser celles-ci, que c'est là que se rencontrent d'ordinaire pour l'histoire moderne les documents les plus intéressants.

Voici les collections auxquelles nous avons dû nous contenter de puiser :

1° Les *Lettere di Principi*, t. I; t, XXII à LIV et t. CXLIX à CLIII;

2° Les *Lettere di Vescovi*, t. I, II, X et XI;

3° Les *Lettere di Cardinali*, t. I à IV;

4° La *Nunziatura di Francia*, t. IV et V;

5° La *Nunziatura di Fiandra*, t. I à X.

Ces derniers volumes, on le sait, nous avons été amené à les parcourir à raison que la Commission royale d'histoire nous avait demandé un travail sur la série des nonces aux Pays-Bas; et il semblerait que c'est dans l'étude que nous publierons à ce sujet qu'il devrait en être question. Mais plusieurs des correspondances renfermées dans ces manuscrits sont étrangères à la Nonciature même de Flandre et identiques à celles qu'on rencontre dans les *Lettere di principi* et les *Lettere di Vescovi*. Nous les signalerons donc ici. Nous parlerons des autres en traitant de la Nonciature de Flandre.

Outre ces divers fonds, nous avons consulté le catalogue de l'*Archivio di Castel San Angelo*, où nous avons puisé divers renseignements utiles pour retrouver quelques pièces signalées par la Commission royale d'histoire.

Nous avons également parcouru le catalogue des Miscellanées, composé par Garambi, celui de de Pretis, enfin les *Schede chronologice di Vescovi*. Nous y avons trouvé de nombreuses indications. Mais pour nous conformer au règlement des archives, nous ne les livrerons point à la publicité et nous les réserverons pour notre usage personnel.

Enfin, sans avoir eu le temps de parcourir la collection

des *Politicorum varia*, nous nous sommes cependant rendu compte des ressources qu'ils offrent pour cette période de de notre histoire. M. Schlecht, secrétaire de l'Institut historique de la *Görresgesellschaft*, avait précédemment dépouillé les cent septante-trois volumes de ce fonds. Or, il a mis ses notes à notre disposition avec une extrême générosité et une rare bienveillance : nous en garderons toujours le plus doux souvenir ainsi que des heures passées dans son intimité à Campo santo dei Tedeschi e Fiamminghi. Cependant, conformément à une décision ultérieure du comité directeur de l'Institut, nous ne nous servirons des renseignements puisés à cette source que pour notre utilité particulière.

En parcourant les collections que nous venons de mentionner, il va de soi que nous avons dû nous contenter de faire une courte analyse des documents relatifs à notre histoire. Car non seulement il nous eût fallu, pour procéder à la transcription des pièces les plus importantes, disposer d'un temps et de ressources plus considérables ; mais avant d'aborder le travail de copie, il est indispensable d'avoir terminé l'ensemble des recherches, si l'on veut faire un choix judicieux parmi tant de matériaux. Cependant nous n'avons pas négligé de prendre le texte des documents que la Commission royale d'histoire nous avait signalés. Nous les publions en appendice sous forme d'analectes.

Pour finir ces observations préliminaires, il nous reste à indiquer la marche que nous allons suivre. L'ordre strictement chronologique amènerait le mélange de pièces bien disparates, d'où résulterait une grande confusion. Aussi nous avons préféré classer ces documents d'après leur provenance et leur destination.

Nous signalerons :

I. D'une part, les *lettres adressées à la cour romaine;*

II. D'autre part, les *lettres émanées de la cour romaine.*

III. Cependant nous ne donnerons point ni dans la première catégorie, les lettres adressées à la cour romaine par ses agents à l'étranger, ni dans la seconde, les lettres adressées par la cour romaine à ses agents. Mais nous ferons une mention spéciale des *correspondances échangées entre la cour romaine et ses agents.*

En outre, nous introduirons dans chacune de ces trois classes diverses subdivisions que nous indiquerons en leur temps. Dans ces subdivisions les documents seront énumérés d'après l'ordre chronologique.

I. — *Lettres adressées à la cour romaine.*

Il y a, d'après les caractères des auteurs, une triple série de lettres à signaler sous cette rubrique :

1° *Les lettres des autorités politiques;*

2° *Les lettres des autorités religieuses;*

3° Les lettres de quelques personnages d'un rang moins élevé, ou du moins sans caractère officiel dans les Pays-Bas, et celles de quelques personnes privées.

1° *Lettres des autorités politiques.*

Sous ce titre nous donnons les lettres de Philippe II relatives aux Pays-Bas et celles de ses gouverneurs : Marguerite de Parme, le duc d'Albe, Alexandre Farnèse.

A. — *Lettres de Philippe II.*

1. 10 février 1567. Philippe II au pape Pie V. Dans le *post-scriptum*, répondant à un bref du 17 janvier précédent, par lequel le pape l'engageait vivement à passer en Flandre, le roi déclare que rien ne l'empêchera de travailler au service de Dieu.

Lettere di Principi, t. XXXI. — Autographe.

2. Madrid, 10 juillet 1567. Philippe II écrit au pape Pie V concernant son voyage en Flandre.

Ibidem. — Autographe.

3. Madrid, 22 janvier 1568. Philippe II expose au pape Pie V les raisons pour lesquelles il a emprisonné son fils don Carlos. Le roi déclare que cet acte est si juste, que l'univers entier l'approuvera (1).

Ibidem. — Original (2).

4. Madrid, 30 juillet 1568. Philippe II annonce au pape Pie V la mort de son fils don Carlos.

Ibidem. — Original.

5. Madrid, 9 mai 1569. Philippe II au pape Pie V. Il lui demande grâce et pardon pour les Flandres, où les égarés commencent à revenir. Lui-même accordera un pardon général. La faveur du pape et celle de Philippe II mettront fin aux troubles.

Ibidem. — Original.

6. Madrid, 26 mars 1574. Philippe II écrit au pape Grégoire XIII au sujet d'un indult concernant les Pays-Bas.

Lettere di Principi, t. XLI, n° 98. — Original.

---

(1) Nous signalons cette lettre et la suivante à raison de l'importance de cet événement et de sa connexion avec les troubles des Pays-Bas.

(2) Il en existe une copie dans les *Lettere di Principi*, t. I, f. 319.

7. Madrid, 30 juillet 1574. Philippe II demande au pape Grégoire XIII de bien accueillir la requête qu'il lui adresse par l'intermédiaire de son ambassadeur don Juan de Cuniga, à l'effet d'obtenir l'érection d'un évêché à Luxembourg.

Ibidem, n° 80. — Original.

8. Après le 1er avril 1586. Philippe II au roi de Danemark, en réponse à une lettre que celui-ci lui avait adressée pour l'engager à concéder la liberté religieuse à ses sujets des Pays-Bas (1).

Ibidem, f. 108. — Copie adressée à la cour romaine.

9. 30 août 1589. Extrait d'une lettre de Phillippe II au comte d'Olivarès, son ambassadeur à Rome, concernant son intervention en France.

Lettere di Principi, t. XLVI, f. 57. — Copie.

10. Rome, 22 février 1590. Conventions d'Olivarès au nom de Philippe II avec la cour romaine, en vertu desquelles le monarque espagnol s'engage à intervenir en France.

Ibidem, f. 29. — Copie.

---

(1) La Commission royale d'histoire nous avait signalé « un rapport en espagnol à Philippe II, en date du 1er avril 1586, rapport où l'on propose de tolérer aux Pays-Bas l'exercice du culte réformé — Boîte XXXVI, arm. V, cap. VI, n° 1. » C'est évidemment la lettre du roi de Danemark à Philippe II signalée dans la réponse de celui-ci et indiquée comme suit dans le catalogue du fonds Saint-Ange. « 1586, 1 aprilis. Copia scripturae hispanicae cum relatione eorum quae rex Danimarchae scripsit Philippo II, Hispaniarum regi, de toleranda religione reformata in Hollandia, ut ad eius obedientiam reduci possit. — Arm. V, cap. VI, n° 5. » Malheureusement cette pièce, par suite sans doute d'une distraction d'un employé, ne se trouvait plus à sa place, et malgré les bienveillantes recherches de M. l'abbé Vincenz, elle est demeurée introuvable. Cette lettre est d'ailleurs résumée dans la réponse de Philippe II. — Voyez le texte de celle-ci dans l'appendice XI.

B. — *Lettres de Marguerite de Parme.*

Nous n'énumérons pas seulement les lettres que Marguerite écrivit durant son double gouvernement aux Pays-Bas; mais à raison de l'intérêt que les écrivains belges attachent à son histoire et aussi, pour éviter à d'autres des recherches sans résultat appréciable, nous indiquons l'ensemble des lettres de ce personnage, que nous avons rencontrées aux archives du Vatican.

1. Bruxelles, 7 juin 1561. Marguerite de Parme recommande Giovanne Aliprandi a Commendone pour un canonicat vacant dans les Pays-Bas

Lettere di Principi, t. XXVI, f. 77. — Original.

2 Bruxelles, 9 juin 1566. Marguerite de Parme remercie le pape Pie V de ce qu'il lui a fait dire par Julien Pavesi, archevêque de Sorrente. Celui-ci lui donnera d'amples détails sur le résultat de sa mission. Quant à elle, elle dépensera toutes ses forces et donnera sa vie, s'il le faut, pour la religion. Elle demande au pape de lui accorder quelques indulgences spéciales.

Lettere di Principi, t. XXX, f. 223. — Autographe.

3. Bruxelles, 4 février 1567. Marguerite de Parme demande au pape Pie V la confirmation pour le comte Herman, chanoine de Cologne et de Liège, élu évêque de Minden.

Ibidem, f. 225. — Original.

4. Anvers, 4 mai 1567. Marguerite remercie le pape Pie V des félicitations qu'il lui a adressées à l'occasion de la soumission de Valenciennes. C'est un événement vraiment miraculeux. Elle espère que c'est la fin des troubles. En outre, elle demande une faveur spéciale.

Ibidem, f. 227. — Autographe.

5. Bruxelles, 24 août 1567. Répondant à un bref du 15 juillet précédent, Marguerite de Parme déclare au pape Pie V que ce n'est pas sa faute, si les décrets du concile de Trente n'ont pas été publiés à Besançon et dans le comté de Bourgogne.

Ibidem, f. 229. — Original.

6. Bruxelles, 15 novembre 1567. Marguerite de Parme annonce au pape Pie V son départ des Pays-Bas. Elle est heureuse de ce que, conformément aux désirs de Sa Sainteté, elle laisse ces pays tranquilles, soumis au roi et attachés à la religion. Elle fait des vœux pour que cette situation se maintienne et se fortifie.

Ibidem, f. 230. — Autographe.

7. Plaisance, 27 février 1568. Arrivée en Italie, Marguerite présente par lettre ses hommages au pape Pie V, puisqu'elle ne peut le faire en personne. Elle répète ce qu'elle a dit de la situation des Pays-Bas dans sa lettre du 15 novembre précédent. Elle remercie le Saint-Père de ce qu'il a fait pour sa famille et le prie de continuer.

Ibidem, f. 234. — Autographe.

8. Plaisance, 27 février 1568. Marguerite de Parme prie le pape Pie V d'accepter à son service le fils du comte de Mansfeldt, qui a toujours si bien servi Dieu et le roi au milieu des troubles des Pays-Bas. Cette faveur produira d'ailleurs d'heureux effets en Allemagne, où la famille Mansfeldt compte tant de membres.

Ibidem, f. 232. — Autographe.

9. Plaisance, 25 avril 1568. Marguerite de Parme remercie le pape Pie V d'avoir reçu à son service le fils du comte de Mansfeldt et de lui avoir accordé à elle-même plusieurs faveurs spirituelles.

Ibidem, f. 236. — Autographe.

10. Plaisance, 17 mai 1568. Marguerite de Parme remercie le pape Pie V d'avoir daigné lui envoyer la rose d'or.

Ibidem, f. 238. — Autographe.

11. Plaisance, 22 août 1568. Marguerite de Parme remercie le pape Pie V de la réception d'un bref — dont elle n'indique pas l'objet.

Ibidem, f. 240. — Autographe.

12. Loreto, 6 mai 1569. Marguerite de Parme remercie le pape de la réception d'un bref — dont elle n'indique pas l'objet.

Ibidem, f. 242. — Autographe.

13. Ascoli, 9 mai 1569. Marguerite remercie le pape d'une faveur — qu'elle ne spécifie pas.

Ibidem, f. 244. — Autographe.

14. Civitaducale, 26 mai 1569. Marguerite de Parme écrit au pape Pie V qu'elle profite de la visite que son fils Alexandre va faire à Sa Sainteté, pour lui offrir, elle aussi, ses hommages et le prier de continuer à protéger sa famille.

Ibidem, f. 246. — Autographe

15. Civitaducale, 14 juin 1569. Marguerite de Parme remercie le pape des faveurs accordées à son fils, lequel est venu la voir en se rendant en Lombardie. Elle offre ses services au Saint-Père.

Ibidem, f. 248. — Autographe.

16. Civitaducale, 2 septembre 1569. Marguerite de Parme remercie le pape Pie V de lui avoir adressé un bref — dont elle n'indique pas l'objet — et d'avoir reçu à son service le fils du comte de Mansfeldt.

Ibidem, f. 250. — Autographe.

17. 25 septembre 1569. Marguerite de Parme prie le pape Pie V de faire bon accueil au comte Philippe de Mansfeldt, qui se rend au service de Sa Sainteté.

Ibidem, f. 252. — Autographe.

18. Civitaducale, 29 janvier 1570. Marguerite de Parme propose au pape Pie V de confier l'évêché de Penna, auquel Odescalco va renoncer sous peu, à l'archiprêtre Giovanne Francesco Carli dell' Aquila.

Ibidem, f. 254. — Autographe.

19. Civitaducale, 27 mars 1570. Marguerite de Parme souhaite « la bona Pasqua » au pape Pie V. Elle lui offre ses condoléances au sujet de son indisposition.

Ibidem, f. 256. — Autographe.

20. Civitaducale, 27 septembre 1570. Marguerite de Parme annonce au pape Pie V que l'avant-veille elle a reçu la visite de son fils et que celui-ci ira bientôt visiter Sa Sainteté.

Ibidem, f. 258. — Autographe.

21. Civitaducale, 10 octobre 1570. Marguerite de Parme annonce au pape Pie V que son fils va baiser les pieds de Sa Sainteté. Elle prie le Saint-Père de lui faire bon accueil.

Ibidem, f. 260. — Autographe.

22. Civitaducale, 27 mai 1571. Marguerite de Parme félicite le pape Pie V d'avoir réussi à conclure la sainte ligue.

Ibidem, f. 262. — Autographe.

23. Aquila, 11 février 1580. Marguerite de Parme annonce au pape Pie V qu'elle a l'intention de partir pour la Flandre la première semaine de carême. Elle regrette de ne pouvoir venir recevoir en personne la bénédiction de Sa Sainteté.

Lettere di Principi, t. XLII, f. 144. — Autographe.

24. Ortona, 18 novembre, 1583. Marguerite de Parme annonce au pape Grégoire XIII qu'elle est de retour des Pays-Bas.

Ibidem, f. 303. — Original.

25. Ortona, 8 janvier 1585. Marguerite de Parme prie le pape Grégoire XIII d'expédier promptement l'affaire de l'évêque d'Aquila.

Ibidem, f. 324. — Original.

C. — *Lettre du duc d'Albe.*

Nous n'avons retrouvé qu'une seule lettre du duc d'Albe, mais elle est caractéristique.

Bruxelles, 8 juillet 1569. Le duc d'Albe annonce au pape Pie V qu'on s'aperçoit de jour en jour des progrès de la religion dans les Pays-Bas. « Il pense que, lorsque viendra le » pardon de la part de Sa Sainteté, un grand nombre de » personnes viendront à résipiscence. Quant à ceux qui ne se » soumettront pas pour le terme fixé, quels que soient leur » nombre et leur qualité, le feu et le couteau en auront » raison. »

Lettere di Principi, t. XXX, f. 300. — Original.

D. — *Lettres d'Alexandre Farnèse.*

Nous n'avons à signaler aucune lettre relative aux Pays-Bas ni de don Requessens, ni de don Juan d'Autriche. Nous passons donc à celles d'Alexandre Farnèse.

Il y a dans les *Lettere di Principi* plusieurs missives de ce prince, antérieures à son gouvernement en Flandre. Elles n'ont aucun intérêt pour notre histoire et fort peu pour celle d'Alexandre Farnèse. Nous les signalerons cependant, ne fût-ce que pour éviter des recherches inutiles aux biographes de cet important personnage.

1. Parme, 2 juillet 1566. Alexandre Farnèse, de retour de la Flandre, s'excuse auprès du pape Pie V de ne pouvoir lui faire visite. Il le prie de le bénir lui et son épouse.

Lettere di Principi, t. XXX, f. 178. — Original.

2. Parme, 15 janvier 1568. Alexandre Farnèse remercie le pape Pie V d'avoir bien voulu être le parrain de sa fille, en déléguant à sa place Monseigneur di Marni.

Ibidem, f. 180. — Original.

3. Parme, 1er mai 1568. Alexandre Farnèse remercie le pape Pie V de lui avoir envoyé un rosaire.

Ibidem, f. 182. — Original.

4. Borgonuovo di Piacenza, 25 août 1568. Alexandre Farnèse remercie le pape Pie V d'une faveur particulière.

Ibidem, f. 184. — Original.

5. Parme, 29 mars 1569. Alexandre Farnèse annonce au pape Pie V qu'il lui est né un fils.

Ibidem, f. 186. — Original.

6. Loreto, 6 mai 1569. Alexandre Farnèse écrit au pape Pie V qu'il profite du passage à Rome d'un messager de son épouse pour lui adresser ses hommages.

Ibidem, f. 188. — Original.

7. Ascoli, 10 mai 1569. Alexandre Farnèse remercie le pape Pie V de la faveur qu'il lui a faite, à lui et à son épouse, lors de son passage dans les États de Sa Sainteté, et lui envoie Monseigneur d'Aquaviva pour lui offrir ses services.

Ibidem, f. 190. — Original.

8. Civitaducale, 26 septembre 1570. Alexandre Farnèse écrit au pape Pie V qu'étant venu visiter sa mère, il profite de sa présence dans ce pays, pour lui adresser ses hommages et lui offrir ses services, par l'intermédiaire de son gentilhomme, le comte Bernardino Mandelli.

Ibidem, f. 192. — Original.

9. Parme, 10 décembre 1570. Alexandre Farnèse annonce au pape Pie V qu'il lui envoie son secrétaire Pietro Baldini pour solliciter une faveur.

Ibidem, f. 194. — Original.

10. Bouges, 2 octobre 1578. Alexandre Farnèse annonce au pape Grégoire XIII la mort de don Juan d'Autriche. Il a été désigné par don Juan pour lui succéder, et il explique pour quels motifs il a provisoirement accepté.

Lettere di Principi, t. XLII, f. 105. — Original.

11. Bouges, 10 novembre 1578. Alexandre Farnèse annonce au pape Grégoire XIII que Philippe II l'a nommé définitivement au poste de gouverneur des Pays-Bas. Il expose les difficultés qui l'empêcheront peut-être de réussir dans cette mission.

Ibidem, f. 110. — Original.

12. Maestricht, 30 juin 1579. Alexandre Farnèse annonce au pape Grégoire XIII le triomphe de la veille.

Ibidem, f. 121. — Original.

13. Maestricht, 2 février 1580. Alexandre Farnèse écrit au pape Grégoire XIII, afin qu'en considération du dénûment des jésuites, qu'il a rétablis à Maestricht, Sa Sainteté daigne leur accorder les deux premiers canonicats qui viendront à vaquer à l'église collégiale de Saint-Servais.

Lettere di Principi, t. XXXVI, f. 189. — Original.

14. Près de Valenciennes, 28 août 1581. Alexandre Farnèse insiste auprès du pape Grégoire XIII, afin qu'il soit fait grâce à l'évêque de Namur de la part d'annates qu'il doit fournir.

Ibidem, f. 163 — Original.

15. Assche, 12 décembre 1582. Alexandre Farnèse écrit au pape Grégoire XIII au sujet de l'empêchement à la consommation du mariage célébré entre le prince de Mantoue et sa fille Marguerite. Il prie Sa Sainteté d'avoir égard à l'honneur de sa famille.

Ibidem, f. 188. — Original.

16. Tournai, 1er février 1583. Alexandre Farnèse écrit au pape Grégoire XIII pour lui recommander certain intérêt particulier de Borso Acerbo, sergent-major, qui se conduit avec beaucoup de valeur dans les guerres de Flandre.

Ibidem, f. 165. — Original.

17. Tournai, 6 avril 1583. Alexandre Farnèse recommande au pape Grégoire XIII le dominicain Jean de Varnois qui se rend à Rome et qui demande le pouvoir d'absoudre des cas réservés.

Ibidem, f. 164. — Original.

18. Tournai, 9 mai 1584. Alexandre Farnèse annonce au pape que Claudio Midolla, franciscain de l'observance, ne pouvant exercer avec fruit sa mission d'aumônier dans son armée, à raison qu'il n'a pas obtenu de Sa Sainteté d'assez amples pouvoirs, retourne à Rome. Alexandre prie le Saint-Père de ne pas prendre cela en mauvaise part et d'accorder sa faveur à ce religieux recommandable par sa science et ses vertus.

Ibidem, f. 166, — Original.

19. Tournai, 9 juin 1584. Alexandre Farnèse expose au pape Grégoire XIII que l'évêque de Ruremonde voit son diocèse accablé de maux et de misères. Il prie Sa Sainteté d'assister

et de pourvoir de secours ce prélat, ou du moins de faire contraindre par l'autorité ecclésiastique les évêchés de Valence et de Pampelune à lui desservir régulièrement la pension de quinze cents ducats à laquelle ils sont astreints.

Ibidem, f. 167. — Original.

20. Maestricht, 12 juin 1591. Alexandre Farnèse remercie le pape Grégoire XIV de la promotion de son fils don Duarte.

Lettere di Principi. t. LI, f. 127. — Original.

21. 15 juin 1591. Répondant à une lettre du duc de Montemarciano, général des troupes du Saint-Siège, au moment où lui-même va partir en Frise combattre les rebelles, Alexandre Farnèse annonce qu'il a donné l'ordre de dépêcher un courrier à ce général, aussitôt que le duc de Mayenne sera arrivé à Bruxelles, afin de lui communiquer, outre sa propre opinion, celle du duc. En ce qui concerne l'envoi d'artillerie et l'expédition de vivres, le général sera servi selon son désir.

Lettere di Principi, t. XLIX, f. 153. — Copie.

22. 30 décembre 1591. Alexandre Farnèse informe le pape Innocent IX de son départ pour la France et critique le licenciement des troupes catholiques.

Nunziatura di Fiandra, t. IV, f. 7. — Original.

23. Forest-Moûtier, 7 mars 1592. Alexandre Farnèse félicite le pape Clément VIII de sa nomination.

Lettere di Principi, t. LI, f. 237. — Original.

24. Forest-Moûtier, 2 avril 1592. Alexandre Farnèse entretient le pape Clément VIII de ses efforts pour conserver le corps des Suisses, et des périls de la situation en France.

Ibidem, f. 281. — Original.

25. Spa, 8 août 1592. Alexandre Farnèse fait au pape Clément VIII l'éloge du colonel, des capitaines et des soldats du régiment suisse.

Nunziatura di Fiandra, t. IV, f. 2. — Original.

26. Spa, 4 septembre 1592. Alexandre Farnèse remercie le pape Clément VIII des félicitations qu'il lui a adressées pour la délivrance de Rouen, l'assure de son dévouement et lui recommande sa famille. Il lui annonce que son bras commence à se mouvoir, et qu'il est en bonne voie de guérison, après avoir souffert récemment d'une extrême faiblesse.

Ibidem, f. 1. — Original.

27. Arras, 18 novembre 1592. Alexandre Farnèse prie le pape Clément VIII de créer l'évêque d'Ancône cardinal. Alexandre fait remarquer au Saint-Père qu'il lui adresse cette demande au moment où il va entrer en France et exposer sa vie pour le triomphe de la foi, comme il l'a déjà fait tant de fois.

Ibidem, f. 3. — Original.

2° *Lettres des autorités religieuses.*

Dans ce numéro, nous signalerons d'abord les lettres des évêques et de leurs aides, et à raison de ce qu'elles sont plus nombreuses, nous énumérerons à part celles des évêques de Liège et celles des évêques de Cambrai ; quant aux lettres des autres prélats ou de leurs coopérateurs, nous n'en ferons qu'un seul groupe, distribué d'après l'ordre chronologique. Nous verrons ensuite la correspondance des monastères. Nous terminerons par l'Université de Louvain.

A. — *Lettres du clergé séculier.*

Diocèse de Liège.

1. Huy, 7 avril, 1561. L'évêque de Liège, Robert de Berghes, écrit à Commendon pour lui exprimer sa joie de ce que le nonce revient dans ce pays.

Lettere di Principi, t. XXVII, f. 108. — Original.

2. Huy, 20 mai 1561. Robert, évêque de Liège invite Commendon, qui se trouvait à Louvain, à venir le voir.

Ibidem, f. 109. — Original.

3. Liège, 10 janvier 1567. Gérard de Groisbeck, évêque de Liège, félicite Commendon de son arrivée à Rome. Il se plaint des malheurs de la religion à Liège et dans les Pays-Bas. Il le prie d'écouter son agent Vonchius qui lui exposera la situation et l'entretiendra des remèdes à employer. Il le prie surtout d'appuyer la demande qu'il adresse au Pape Pie V dans ce sens.

Ibidem, f. 152. — Original.

4. Liège, 25 février 1567. Gérard, évêque de Liège, à Commendon. Herman de Schauwenberg, ancien chanoine de Liège, à été demandé pour évêque de Minden. Gérard prie Commendon d'intervenir auprès du pape Pie VII, afin qu'il confirme cette postulation.

Ibidem, f. 154. — Original.

5. Liège, 31 octobre 1567. Gérard, évêque de Liège, recommande à Commendon Roger Valerius, archidiacre de Cambrai, son ami, lequel se rend à Rome pour d'importantes affaires.

Ibidem, f. 165. — Original.

6. Liège, 15 novembre 1570. Gérard, évêque de Liège, à Commendon, Laevinus Torrentius, archidiacre de Brabant, s'en va, à titre d'ambassadeur de l'évêque, exposer au Saint-Père les malheurs de l'église de Liège et prier Sa Sainteté d'y porter remède. Gérard demande à Commendon de favoriser sa mission.

Ibidem, f. 184. — Original.

7. Liège, 25 décembre 1574. Gérard, évêque de Liège, au pape Grégoire XIII. Il a appris que, sur les instances de Philippe II, le Saint-Père a chargé les cardinaux Alciato et Ursino de Sainte Croix de procéder à une enquête concernant la question de l'érection d'un évêché à Luxembourg. L'évêque rappelle qu'il a fait valoir auprès de Pie V les motifs de ne pas créer ce nouvel évêché. Il les expose de nouveau.

Lettere di Vescovi, t. X, f. 212. — Original.

8. Liège, 20 septembre 1577. Gérard, évêque de Liège, prie le pape Grégoire XIII d'écouter ce que lui dira son envoyé touchant la contention de Josine, comtesse de Manderscheid, et de Josine, comtesse de la Marck, au sujet de la prélature du monastère de Thorn dont elles sont toutes deux chanoinesses.

Ibidem, f. 259. — Original.

9. Liège, 29 avril 1578. Gérard, évêque de Liège, informé que le pape l'appelle à la dignité cardinalice, écrit à Commendon que c'est là une marque d'estime non pour sa personne, mais pour l'église de Liège. Il remercie néanmoins Commendon du témoignage favorable qu'il le soupçonne d'avoir donné en sa faveur.

Lettere di Principi, t. XXVII, f. 212. — Original.

10. Liège, 29 avril 1578. Gérard, évêque de Liège, prie le pape Grégoire XIII d'agréer Josine de Manderscheid pour abbesse de l'église collégiale de chanoines et de chanoinesses de Notre-Dame de Thorn. Il prie le Saint-Père de hâter sa décision, afin d'éviter les attaques des protestants contre ce monastère.

Lettere di Vescovi, t. X, f. 187. — Original.

11. Liège, 5 janvier 1579. Gérard, cardinal-évêque de Liège, remercie le pape Grégoire XIII de l'avoir élevé à la dignité cardinalice, et lui annonce qu'il a pris le dimanche précédent l'habit de cardinal.

Lettere di Principi, t. XXXVI, f. 50. — Original.

12. Liège, 30 septembre 1579. Gérard, évêque de Liège, recommande au pape Grégoire XIII, Melchior Braun, curé de l'église des Saints-Apôtres, à Cologne.

Ibidem, f. 52. — Original.

13. Liège, 5 décembre 1580. Le prévot, le vice-doyen et le chapitre cathédral de Liège demandent au pape Grégoire XIII qu'Arnold Hoen, récemment nommé doyen du chapitre, puisse conserver ses fonctions antérieurs de « custos ».

Lettere di Principi, t. XXXII, f. 188.

14. Liège, 24 décembre 1580. Gérard, évêque de Liège, demande au pape Grégoire XIII que Winand Van den Wyngaerde, ex-doyen de Liège, puisse jouir des biens de l'église.

Lettere di Principi, t. XXXVI, f. 51. — Original.

15. Liège, 3 février 1581. Ernest de Bavière, évêque élu de Liège, informe le pape Grégoire XIII qu'il a été nommé, à l'unanimité des voix, évêque de Liège en remplacement de

Gérard de Groisbeck. Il espère que le Saint-Siège continuera de lui témoigner, à lui et à la maison de Bavière, la même bienveillance que par le passé. Quant à lui, il fera tous ses efforts pour procurer le bien spirituel et temporel de son diocèse. Il demande au Saint-Père, par l'intermédiaire de Guillaume de Berghes et de François Stravius, le pouvoir d'administrer les affaires du diocèce.

Lettere di Vescovi, t. X, f. 255. — Original.

16. Liège, 21 août 1581. Ernest de Bavière, évêque de Liège, recommande au pape Grégoire XIII Marguerite Heldyn.

Lettere di Principi, t. XXXVI, f. 108. — Original.

17. Stavelot, 6 novembre 1581. Ernest de Bavière, évêque de Liège, recommande au pape Grégoire XIII Jean, archevêque élu de Trèves, au sujet de la confirmation de son élection et du pallium.

Ibidem, f. 105. — Original.

18. Munich, 16 novembre 1581. Ernest de Bavière au pape Grégoire XIII. Même objet que la lettre précédente.

Ibidem, f. 103. — Original.

19. Liège, 1er mai 1582. Ernest de Bavière, évêque de Liège, fait solennellement la profession de foi d'après la formule que le pape lui avait adressée (1).

Arm. XI, cap. III, nº 34. — Acte authentiqué par-devant notaire avec sceau.

---

(1) Conformément au vœu de la Commission royale d'histoire, nous avons pris le texte de cet acte. Voyez l'Appendice IX.

20. Stavelot, 15 octobre 1590. Ernest, évêque de Liége, envoie à Rome le baron de Grimberg, doyen de la cathédrale de Liége, pour féliciter le pape qui sera nommé, et lui exposer la situation des églises confiées à ses soins.

Lettere di Principi, t. I, f. 380. — Original.

21. Liége, 15 février 1593. Ernest de Bavière, évêque de Liége, écrit au pape Clément VIII, au sujet de son différend avec les ministres de Philippe II sur les questions de juridiction.

Nunziatura di Fiandra, t. IX, f. 16. — Copie.

22 Liége, 17 février 1593. Ernest de Bavière, évêque de Liége, électeur de Cologne, etc., expose au pape Clément VIII ses plaintes contre les Espagnols.

Ibidem, f. 18. — Copie.

23. Ratisbonne, 3 juin 1594. Ernest, évêque de Liége, électeur de Bavière, etc., remercie le cardinal Aldobrandino de sa bienveillance à son égard, protestе de son dévouement et l'assure qu'il fera tout pour le servir, spécialement à la diète actuelle.

Ibidem, f. 27. — Original.

24. Freisingen, 10 septembre 1594. Ernest de Bavière, évêque de Liége, etc., recommande au cardinal Aldobrandino certaines affaires que le chanoine Regini allait traiter pour lui avec le Saint-Père.

Ibidem, f. 36. — Original.

25. Aremberg, 12 août 1597. Ernest de Bavière, évêque de Liége, etc., expose au pape Clément VIII l'impossibilité d'obtenir la paix entre l'empereur Rodolphe II et la Belgique.

Ibidem, f. 63. — Copie.

Diocèse de Cambrai.

1. Cambrai, 11 novembre 1573. Le prévôt et le chapitre de l'église métropolitaine de Cambrai demandent au pape la confirmation de Mathieu Ruckebusch, élu doyen de cette église.

Lettere di Principi, t. XXXII, f. 196. — Original.

2. 31 mars 1574. Lettres de créance données par Louis de Berlaymont, archevêque de Cambrai, à l'archidiacre de Hainaut, qui se rend à Rome, pour prêter obéissance au pape Grégoire XIII, au nom de l'archevêque, et pour défendre l'union du monastère de Vaucelles à l'église de Cambrai.

Fonds Saint-Ange, arm. XI, cap III, n° 40. — Original.

3. Cambrai, 15 novembre 1575. Louis de Berlaymont, archevêque de Cambrai au pape Grégoire XIII. Un chanoine de Cambrai, Pierre Gemelli, qui réside actuellement à Rome, a toujours troublé Cambrai, au temps de l'archevêque Maximilien de Berghes, par ses intrigues et ses discours. Il a de ce chef été repris par le duc de Médina, gouverneur des Pays-Bas, au nom de Philippe II. L'archevêque Louis de Berlaymont, après quelques mesures inefficaces, lui a finalement interdit de prêcher. Gemelli est allé en appel à Rome et a même obtenu deux brefs du pape, lui confirmant la jouissance de sa prébende, ce qui menace de détruire l'autorité de l'archevêque. Celui-ci prie le Saint-Père d'examiner à fond la cause de Gemelli.

Lettere di Vescovi, t. X, f. 224. — Original.

4. Le Quesnoy, 4 avril 1580. Louis de Berlaymont, archevêque de Cambrai, recommande au pape Grégoire XIII le dominicain Pietro Bocherio, docteur en théologie, qui s'en va assister au chapitre général de son ordre.

Ibidem, f. 217. — Original.

5. Mons, 6 mars 1592. Louis de Berlaymont, archevêque de Cambrai, félicite de sa nomination le pape Clément VIII. Il exprime l'espoir que le saint Père remédiera aux maux de l'Église et lui annonce qu'il délègue pour la visite *ad limina* Hugues Griffon, prévôt de Cambrai.

Lettere di Vescovi, t. II, f. 139. — Original.

6. Mons, 10 mars 1593. Louis de Berlaymont, archevêque de Cambrai, écrit au pape Clément VIII pour lui annoncer qu'il envoie son vicaire général François Buisseret, lui exposer ses plaintes au sujet des jésuites, lesquels innovent et jettent le trouble dans son diocèse.

Nonziatura di Fiandra, t. IX, f. 19. — Original.

7. Cambrai, 29 octobre 1595. Louis de Berlaymont, archevêque de Cambrai, remercie Monseigneur Malvasia, commissaire général du Saint-Siège près l'armée catholique, de ses félicitations au sujet de la délivrance de Cambrai. Il se plaint que le comte de Fuentès lui ait interdit l'exercice de son autorité temporelle et spirituelle, et qu'il ait renouvelé le magistrat et tous les fonctionnaires publics au nom du roi d'Espagne. Il demande l'intervention du Saint-Siège contre cette injustice.

Ibidem, f. 40. — Original.

8. Arras, 8 avril 1596. Jean Sarrazin, abbé de Saint-Vaast, informe le pape Clément VIII qu'à la mort de Louis de Berlaymont, le chapitre métropolitain de Cambrai l'a élu pour archevêque, à la demande de l'archiduc Albert.

Ibidem, t. IX, f. 57. — Original.

9. Cambrai, 4 mai 1596. François Buisseret, doyen de Cambrai, informe le pape Clément VIII qu'il a reçu, le 2 mai, par l'intermédiaire de Thomas de Campo, le bref de Sa Sainteté, du 28 mars précédent, concernant les difficultés existantes au

monastère de Saint-Aubert. Dans ce bref, le Saint-Père ordonne que les fruits et les revenus de ce monastère soient consignés à Dié de Campo et que les détenteurs actuels soient expulsés. François Buisseret explique au pape pourquoi il n'a pas exécuté cet ordre.

Nunziatura di Fiandra, t. X, f 33. — Original.

10. Cambrai, 23 décembre 1596. Le doyen et le chapitre métropolitain de Cambrai déclarent au pape Clément VIII que, contrairement à ce que le Saint-Père avait cru par suite de leur attitude dans la question du monastère de Saint-Aubert, ils sont pleins de dévouement au Saint-Siège. Ils énumèrent ce qu'ils ont souffert pour la bonne cause et ce qu'ils ont fait pour résister aux empiétements du pouvoir civil. Ils remercient le pape d'avoir envoyé au Pays-Bas Ottavio Mirto, évêque de Tricarico, en qualité de nonce, spécialement en vue d'arranger cette question.

Ibidem, f. 32. — Original.

Les autres diocèses des Pays-Bas.

1. Bruxelles, 1er février 1576. Jean Strijen annonce au pape Grégoire XIII que Philippe II l'a nommé évêque de Middelbourg, le plus éprouvé de tous les diocèses des Pays-Bas.

Lettere di Vescovi, t. X, f. 184. — Original.

2. Namur, 27 août 1581. François de Wallon-Capelle, évêque de Namur, expose au pape Grégroire XIII son extrême pauvreté et le prie de lui faire remise, cette fois encore, du *residuum* des annates.

Ibidem, f. 226. — Original.

3. Ruremonde, 14 mars 1582. Guillaume Lindanus, évêque de Ruremonde, recommande au pape Grégoire XIII Christophore

Flaracken. L'évêque annonce, en outre, au Saint-Père que, pour remédier aux maux de la religion en Allemagne, il a lui-même composé, l'hiver dernier, trois opuscules intitulés : *Concordia discors Germanorum aliquot protestantium.*

Ibidem, f. 48. — Original.

4. Saint-Omer, 22 novembre 1584. Jean Six, évêque de Saint-Omer, demande au pape Grégoire XIII de le dispenser du serment qu'il a fait de se rendre à Rome tous les deux ans. Il expose les malheurs de la religion dans la partie flamande de son diocèse. Étant donnée la confusion qui résulte du grand nombre de censures et de cas réservés, il prie le Saint-Père d'en réduire le nombre et de les faire mettre en ordre; car les prêtres instruits et les prêtres timorés n'osent plus confesser; d'autre part, les prêtres peu instruits ou peu timorés, qu'il est obligé de tolérer, commettent de graves erreurs. Enfin, l'évêque demande au pape l'approbation du propre de son diocèse.

Ibidem, f. 225. — Original.

5. Gand, 24 mai 1585. Clément Crabbeels, évêque de Bois-le-Duc, fait au pape Sixte V le récit de sa consécration épiscopale dans la chapelle de Saint-Michel de la cathédrale de Tournai.

Ibidem, f. 219. — Original.

6. Bois-le-Duc, 28 mai 1593. Le doyen et le chapitre de l'église cathédrale au pape Clément VIII. Le dernier évêque, Clément Crabeels, est mort le 22 octobre 1592. Le roi Philippe II a désigné pour successeur Gisbert Masius Boemelius, prêtre du diocèse de Bois-le-Duc, licencié en théologie de l'Université de Louvain, chanoine et pléban de leur église. Mais presque toute la dot épiscopale est au pouvoir des hérétiques. Ils demandent donc au Saint-Père de faire grâce à leur évêque des annates et des autres droits qu'on a coutume de payer lors de la confirmation.

Nunziatura di Fiandra, t. IX, f. 31. — Original.

7. Anvers, 17 décembre 1594. Laevinius Torrentius, évêque d'Anvers, expose au pape Clément VIII, qu'étant âgé de septante ans et en proie à beaucoup de soucis il ne peut accomplir la visite *ad limina*. Il délègue, à cet effet, Vincent Zelander.

Nunziatura di Fiandra, t. IX, f. 38. — Original.

8. Sans date. Henri Cuyck, évêque de Ruremonde, expose au pape Clément VIII qu'en 1561 la prévôté de Merssen a été unie à son église par l'autorité du Saint-Siège, et que lui-même l'a possédée en paix pendant huit ans. Un chanoine de Maestricht, Remigianorus (?), a supplié l'archiduc Albert d'en déposséder l'évêque, mais l'archiduc a refusé. L'évêque prie le pape de confirmer l'union.

Ibidem, f. 55. — Copie.

9. Saint-Omer, 17 avril 1597. L'évêque de Saint-Omer, Jean de Vernois, expose au pape Clément VIII qu'à raison de sa maladie et à cause des guerres de Flandre, il ne peut satisfaire à l'obligation qui incombe aux évêques belges de faire tous les quatre ans la visite *ad limina*. Il délègue, à cet effet, Henri De Coster, chanoine de sa cathédrale.

Ibidem, f. 61. — Original.

10. Gand, 18 avril 1597. Pierre Damant, évêque de Gand, expose au pape Clément VIII qu'il ne peut satisfaire au devoir de la visite *ad limina*. Il délègue, à cet effet, Henri De Coster, doyen de l'église collégiale de Berg-op-Zoom et écolâtre de l'église de Sainte-Gudule, à Bruxelles.

Ibidem, f. 62. — Original.

11. Anvers, 10 mai 1599. Fulgence Zelosus accuse l'archevêque de Malines, Mathias Hovius, d'empêcher les aumônes à l'abbaye d'Afflighem Il décrit ses intrigues pour devenir archevêque.

Nunziatura di Fiandra, t. X, f. 111. — Original.

12. Malines, 27 décembre 1599. L'archevêque de Malines, Mathias Hovius, en réponse au bref du pape Clément VIII l'invitant à se rendre à Rome à l'occasion du jubilé, déclare que le diocèse de Malines, récemment créé et encore mal affermi, à raison de l'absence perpétuelle du premier archevêque, Granvelle, et des violences des hérétiques au temps du second, Jean Hauchinus, exige sa présence. Il donne encore divers autres motifs pour décliner l'invitation.

Nunziatura di Fiandra, t. IX, f. 73. — Original.

B. — *Lettres du clergé régulier.*

1. Namur, 27 mai 1573. Martin Lejuste, abbé du Jardinet, au pape Grégoire XIII. Il expose que les religieux d'Aulne se sont élu à l'unanimité un abbé, qu'ils ont repoussé celui que le pape avait nommé, que celui-ci a cédé ses droits au candidat des moines et que l'élection a été confirmée en assemblée générale à Clairvaux. Il prie le pape de ratifier le choix des moines.

Lettere di Vescovi, t. X, f. 52. — Original.

2. Lobbes, 28 mai 1573. Ermin François, abbé de Lobbes, déclare au pape Grégoire XIII que les conventuels d'Aulne ont été calomniés auprès de Sa Sainteté, et témoigne en leur faveur.

Ibidem, f. 54. — Original.

3. Clairvaux, 1er juin 1573. L'abbé de Clairvaux informe le pape Grégoire XIII que les religieux d'Aulne ont élu Denis pour abbé à l'unanimité des voix, qu'ils ont repoussé Sébastien Antoine que Sa Sainteté avait nommé, que celui-ci a cédé ses droits à l'élu des moines et que l'élection a été confirmée en assemblée générale à Clairvaux. Il prie le pape de ratifier ce choix. Il expose, en outre, que le Saint-Père a donné l'abbaye

d'Aulne en commende à l'évêque de Liège, parce qu'on aurait caché à Sa Sainteté la valeur des richesses du monastère. Mais le monastère, riche autrefois, s'est appauvri. Il prie donc le pape de retirer la commende.

Ibidem, f. 55. — Original.

4. Paris, 26 janvier 1574. L'abbé de Cîteaux rend compte au pape Grégoire XIII de la visite des monastères de son ordre en Allemagne. Il annonce qu'il va bientôt visiter ceux des Pays-Bas.

Ibidem, f. 206. — Original.

5. Borcette, près d'Aix-la-Chapelle, 12 juillet 1577. Ernest de Bavière écrit au pape Grégoire XIII en faveur de Josine de la Marck, récemment élue abbesse du monastère de Thorn.

Lettere di Principi, t. XXXVI, f. 106. — Original

6. Thorn, 22 juillet 1577. La vice-doyenne et le chapitre du couvent de Notre-Dame au pape Grégoire XIII. Elles réfutent les accusations portées contre Josine, comtesse de la Marck, élue pour abbesse, accusations portées par Josine de Manderscheid.

Lettere di Principi, t. XXXII, f. 185. — Original.

7. Louvain, 4 avril 1578. Le provincial des Frères Mineurs de l'observance dans les Pays-Bas au procureur général de l'ordre. Il déplore les persécutions dont l'ordre est victime de la part des hérétiques en Hollande, en Zélande et en Flandre. Récemment encore les religieux ont été expulsés par la force de la ville de Maestricht.

Armario, XVIII, cap. I, nº 3. — Autographe.

8. Louvain, 1er mai 1582. La prieuresse et le couvent du monastère de Sainte-Ursule de l'ordre des réguliers de saint Augustin à Louvain décrivent au pape Grégoire XIII leurs misères à la suite des troubles. Ils sont d'avis que Philippe II devrait envoyer plus de troupes aux Pays-Bas.

Lettere di Principi, t. XXXII, f. 182. — Original.

C. — *Lettres de l'Université de Louvain.*

1. Louvain, 15 avril 1575. Henri Cuyck écrit au pape Grégoire XIII au sujet d'un opuscule de l'Université sur le jubilé, opuscule dont l'Université fait hommage au Saint-Père.

Lettere di Principi, t. XXXII, f. 175. — Autographe.

2. Louvain, 14 avril 1594. Jean Clarius écrit au pape Clément VIII contre les élèves de l'Université de Louvain, surtout contre les Liégeois, lesquels, après avoir calomnié les professeurs, recourent au tribunal de la chambre apostolique, même en première instance.

Nunziatura di Fiandra, t. X, f. 15. — Original.

3. Louvain, 14 avril 1594. Le recteur et le corps universitaire de Louvain recommandent au pape Clément VIII la requête de Jean Clarius tendant à obtenir que le Saint-Père ne laisse pas aux élèves le droit d'appel à Rome ou à d'autres tribunaux.

Ibidem, f. 14. — Original.

4. Louvain, 1er juillet 1595. Le recteur et le corps universitaire de Louvain réclament auprès du pape contre l'établissement d'un cours de philosophie par les jésuites de cette ville.

Ibidem, f. 7. — Original.

5. Louvain, 28 septembre 1595. Le recteur et l'Université de Louvain au R. P. Aquaviva, général des jésuites. Ils réclament contre l'établissement d'un cours de philosophie par les jésuites à Louvain, au mépris des privilèges de l'Université.

Ibidem, f. 3. — Copie.

6. Louvain, 16 octobre 1595. Le recteur et l'Université de Louvain écrivent à Clément VIII au sujet d'un procès particulier avec Grysbert Daniel touchant une question de provision.

Ibidem, f. 13. — Original.

7. Rome, 4 novembre 1595. G. Vossius au général des jésuites concernant le différend entre l'Université et les jésuites de Louvain au sujet du cours de philosophie établi par ces derniers.

Ibidem, f. 9. — Copie.

8. Louvain, 4 avril 1596. Arnold d'Eynthouts, abbé de Sainte-Gertrude, et François van Vlierden, abbé de Parc, informent le pape Clément VIII qu'ils ont reçu de la part du recteur de l'Université le bref de Sa Sainteté interdisant aux jésuites d'enseigner la logique et la physique à Louvain. Ils expriment l'avis qu'il serait désirable de tâcher d'arriver à une transaction.

Ibidem, f. 1. Original.

9. Louvain, 10 avril 1596. Deux actes notariés constatant, le premier, que le recteur des jésuites de Louvain, le père Jacques Stratius, a obtempéré au bref du pape et fait cesser le cours de logique et de physique, le second, que le directeur des jésuites a comparu, avec Jean Sasscnus, appariteur des facultés de droit civil et ecclésiastique, et Jean Robionnoy de Namur, comme témoins devant Wiringus, recteur de l'Université, afin de lui attester l'exécution du bref.

Ibidem, f. 2. — Original.

10. Louvain, 20 août 1596. Le doyen et les professeurs de la Faculté des arts de l'Université au pape Clément VIII, concernant le cours de philosophie des jésuites à Louvain.

Ibidem, f. 8. — Original.

11. Sans date. Les membres de la Compagnie de Jésus au cardinal Aldobrandino concernant le même sujet.

Ibidem, f. 9. — Copie.

12. Sans date. Instance de la part de quelques cardinaux auprès du pape Clément VIII, en faveur de l'Université de Louvain, dans le différend avec les jésuites.

Ibidem, f. 11.

13. Sans date. Thomas Stapletonius, Anglais d'origine, docteur et professeur royal et primaire d'écriture sainte à l'Université de Louvain, prie le pape Clément de créer cardinal l'Anglais Audoenus Ludovicus, évêque de Cassano.

Ibidem, f. 16. — Original.

14. Louvain, 20 août 1597. Thomas Stapletonius écrit à Aldobrandino qu'il n'a pas encore reçu les deux cents florins d'or promis et que pour cela il soupçonne un changement de volonté de la part de la cour romaine.

Ibidem, f. 95. — Original.

15. Louvain, 23 août 1598. Le recteur et l'Université de Louvain au pape Clément VIII concernant le cours de philosophie des jésuites.

Ibidem, f. 12. — Original

16. Bruxelles, 27 novembre 1598. D'Assonleville déclare à Aldobrandino qu'il peut assurer au Saint-Père que l'œuvre « *De admiranda magnitudine Romanæ Ecclesiæ* », de feu Stapletonius, rendra un grand service et procurera beaucoup de gloire au Saint-Siège.

Ibidem, f. 105. — Original.

17. Bruxelles, mai 1599. D'Assonleville à Aldobrandino. Il l'informe qu'il envoie au Saint-Père l'œuvre de feu Stapletonius « *De admiranda magnitudine Romanæ Ecclesiæ* », et lui recommande le porteur, copiste et secrétaire du défunt, afin qu'il obtienne un bénéfice aux Pays-Bas.

Ibidem, f. 114. — Original.

5° *Quelques lettres particulières.*

1. Bruxelles, février 1564. Guillaume de Nassau au pape Pie IV. C'est à tort qu'on l'a accusé auprès du Saint-Père de négliger les devoirs d'un prince catholique et orthodoxe. Il explique comment il a jusqu'ici veillé aux intérêts du catholicisme dans sa principauté d'Orange (1).

Varia Politicorum, t. LXXXVI, f. 105. — Copie.

2. Bruxelles, 15 janvier 1573. Charles-Philippe de Croy au pape Grégoire XIII. Il témoigne en faveur de Sébastien Antoine que le pape a désigné pour abbé d'Aulne et qui est en butte aux calomnies.

Lettere di Principi, t. XXXVI, f. 219. — Autographe.

3. Bruxelles, 30 janvier 1574. Philippe de Croy écrit au pape Grégoire XIII au sujet de la contention touchant la dignité abbatiale au monastère d'Aulne.

Ibidem, f. 220. — Autographe.

4. Bruxelles, 23 février 1575. Charles-Philippe de Croy supplie le pape d'accorder la dispense du second degré de consanguinité à certaines personnes de rang noble, parentes de son épouse, mais qui sont pauvres.

Ibidem, f. 218. — Autographe.

---

(1) Voyez en la teneur dans l'appendice IV.

5. Munich, 28 mars 1575. Albert, duc de Bavière, recommande au pape Grégoire XIII la cause des chanoines de Saint-Servais, à Maestricht, contre l'évêque de Ruremonde.

Lettere di Principi, t. XXXVI, f. 9. — Original.

6. Brühl, 20 janvier 1580. Gebhard II, archevêque de Cologne, déclare au pape Grégoire XIII que, depuis que l'archevêque de Rossano est venu à Cologne, l'année précédente, dans le but de pacifier les Pays-Bas, il a fait lui-même tous ses efforts pour rétablir la paix entre ces pays et Philippe II. Le nonce aura dit au pape le résultat de ces efforts. Il assure le Saint-Père qu'il continuera à travailler dans le même sens.

Lettere di Vescovi, t. X, f. 228. — Original.

7. Juin-août 1581. Lettre du seigneur de Longueval à un seigneur de la cour de France auquel il expose les raisons pour lesquelles le duc d'Alençon, frère du roi Henri III, ne doit pas se rendre aux Pays-Bas (1).

Arm. XIV, caps. 1, n° 55. — Traduction italienne, du texte français, faite au XVIe siècle.

---

(1) Cette pièce est renseignée dans le catalogue du fonds Saint-Ange, mais sans que l'auteur y soit autrement indiqué que sous le titre *cujusdam nobilis*; de plus, elle est rapportée à l'année 1572. Mais le contenu de cette lettre permet de conclure avec certitude qu'elle est postérieure au 4 juin 1581 et antérieure à la mi-août de la même année. L'auteur, à ce qu'il dit, avait pour oncle le *signore di Longavalle*; il rapporte, en outre, plusieurs faits de sa propre vie, notamment sa participation à la bataille de Saint-Quentin en 1557. Nous en concluons que cette lettre fut écrite par le seigneur de Longueval qui, au dire des *Mémoires de Gaspard de Saulx, seigneur de Tavanes* (collection Petitot, t. XXIX, p. 202), fut fait prisonnier à la bataille de Saint-Quentin en 1557. — Nous ne savons à qui cette lettre était destinée, mais son

8. 6 octobre 1583. Valentin Douglas, évêque de Laon, écrit au cardinal Commendon au sujet des soldats du duc de Parme qui s'engagent pour le compte de l'archevêque de Cologne, etc.

Arm. XIV, caps. 4, nº 52.

9. Tournai, 20 janvier 1584. Otton Henri, duc de Brunswich, au pape Grégoire XIII. Il rappelle au Saint-Père la disgrâce qu'il a encourue de la part de son père, de la plupart de ses proches et des princes de l'empire à cause de son attachement à la religion catholique. C'est pourquoi il a déjà imploré le secours de Sa Sainteté et s'est consacré au service de Philippe II dans les Pays-Bas. Il décrit sa profonde misère actuelle, à raison des troubles de ces pays, et supplie le pape de lui accorder une pension, ce qui aura d'heureux effets pour la religion catholique (1).

Lettere di Principi, t. XXXVI, f. 227. — Autographe.

10. Anvers, 1er juin 1591. Informations adressées à la cour romaine concernant la demande de subsides aux États de Brabant et la défaite des soldats du duc de Parme à Zutphen.

Lettere di Principi, t. XLII, f. 252. — Original.

11. Bruxelles, 29 juin 1591. Cosimo Masi, secrétaire du duc de Parme, au duc de Montemarciano. Depuis que le pape a décidé d'envoyer des troupes et le général de ses armées au secours des catholiques français, Alexandre Farnèse a cherché à pénétrer les intentions du duc de Mayenne. Celui-ci a répondu qu'il envoyait au duc de Montemarciano lui-même un courrier

---

contenu montre qu'elle s'adressait à un personnage militaire jouissant d'une haute situation à la cour de France. — Voyez le texte de cette lettre dans l'appendice, nº VIII.

(1) Voyez l'appendice nº X.

chargé de lui exposer la situation en France et son avis sur la marche à suivre. Masi indique ensuite le plan de campagne qu'Alexandre Farnèse conseille de suivre.

Lettere di Principi, t. XLIX, f. 155. — Original.

12. Beaumont, 22 avril 1592. Philippe de Croy félicite de sa nomination le pape Clément VIII, qu'il avait jadis rencontré lorsque le pape se rendait de Lorette en Pologne et que lui-même se rendait vers Lorette et Rome.

Lettere di Principi, t. LI, f. 295. — Original.

13. Anvers, 23 juin 1593. Informations adressées à la cour de Rome sur les opérations militaires d'Alexandre Farnèse dans la Gueldre.

Lettere di Principi, t. XLII, f. 238. — Original.

14. Liège, 24 mai 1595. Le sénat de Liège annonce au pape la récupération de Huy.

Nunziatura di Fiandra, t. X, f. 27. — Original.

15. Liège, 11 septembre 1595. Les magistrats de Liège demandent de nouveau au pape Clément VIII d'admettre les Liégeois au cours de philosophie et de théologie du collège germanique à Rome.

Ibidem, f. 29. — Original.

16. Liège, 11 septembre 1595. Les consuls de Liège prient le cardinal Aldobrandino d'appuyer la demande précédente.

Ibidem, f. 30. — Original.

17. Bruxelles, 16 octobre 1597. Thomas de Campo remercie le cardinal Aldobrandino de ce qu'il a fait pour son frère Dié de Campo.

Ibidem, f. 96. — Original.

18. Bruxelles, 13 septembre 1598. Charles de Croy écrit au pape Clément VIII qu'il lui a jadis fait présenter ses hommages par le légat de France lorsqu'il servait d'otage dans ce pays, et l'informe qu'il profite du voyage à Rome de Zeelander pour lui envoyer cette lettre en signe d'affection et de dévouement. Il lui déclare que les Pays-Bas ne sont pas encore tranquilles. Zeelander lui exposera la situation.

Nunziatura di Fiandra, t. X, f. 103. — Original.

II. — *Lettres et documents de la Cour romaine.*

1. 1er juillet 1560. Bulle en vertu de laquelle Pie IV accorde à Philippe II le privilège de nommer à un canonicat et à un bénéfice ecclésiastique, même avec charge d'âmes, des églises cathédrales et collégiales de Belgique, etc., et d'accorder à douze personnes nommées par lui la dispense de l'incompatibilité à deux canonicats ou bénéfices.

Fonds Saint-Ange, arm. XIV, caps. 4, nº 56. — Copie.

2. 17 décembre 1560. Bulle de Pie IV pour révoquer le privilège accordé à Philippe II de percevoir la moitié des revenus des églises et des monastères et d'aliéner les biens ecclésiastiques. Le pape accorde au roi un subside annuel de trois cent mille ducats d'or sur les revenus ecclésiastiques, pour armer une flotte de cinquante galères contre les Turcs, et l'exhorte à porter à quatre-vingts le nombre de ces galères.

Fonds Saint-Ange, arm. XIV, caps. 4, nº 3. — Original.

3. 1561. Bulle de provision de Pie IV en faveur de Maximilien de Berghes, archevêque de Cambrai; le pape unit à l'église de Cambrai un certain nombre de monastères.

Fonds Saint-Anges, Arm. IX, caps. XI, nº 14.

4. 2 mai 1562. Bulle de Pie IV pour porter le subside accordé à Philippe II par la bulle du 17 décembre 1560 au chiffre de quatre cent vingt mille ducats, afin que le roi entretienne une flotte de soixante galères, mais à condition qu'il ne s'en servira que contre les infidèles, les hérétiques et les schismatiques et pour la défense de ses royaumes, à condition aussi qu'il entretiendra à ses frais une autre flotte de quarante galères.

Fonds Saint-Ange, Arm. XIV, caps. 4, nº 4. — Copie.

5. 12 novembre 1568. Bulle de Pie V par laquelle il accorde un jubilé à tous les fidèles de la chrétienté en vue d'obtenir l'apaisement des troubles en France et dans les Pays-Bas (1).

Fonds Saint-Ange, Arm. VIII, caps. 4, nº 13. — Original sur parchemin avec sceau en plomb.

6. 30 juillet 1578. Bulle de Grégoire XIII accordant un jubilé à tous les fidèles de la chrétienté à l'effet d'obtenir la pacification des Pays-Bas (2).

Fonds Saint-Ange, arm. VIII, cap. V, nº 11. — Original avec sceau en plomb.

7. Rome, 6 janvier 1588. Le cardinal Montalto écrit à Alexandre Farnèse que le pape Sixte V a favorablement accueilli sa lettre de recommandation en faveur de Vandeville, nommé évêque de Tournai par Philippe II.

Lettere di Principi, t. CXLIX, reg. 1, f. 26. — Minute.

8. Rome, 23 janvier 1588. Le cardinal Montalto, secrétaire de Sixte V, informe le magistrat de Liége que le Saint-Père

(1) Voyez le texte de cette bulle dans l'appendice V.
(2) Voyez l'appendice VII.

consent bien volontiers à sa demande tendant à obtenir que les bénéfices ecclésiastiques ne soient pas accordés aux bâtards.

Ibidem, t. CXLIX, f. 17'. — Minute.

9. Rome, 8 février 1588. Le cardinal Montalto annonce aux consuls et au magistrat de Gand que le Saint-Père consent volontiers à leur demande du 23 octobre précédent, tendant à obtenir que le monastère désert à Gand soit affecté à un collège de jésuites.

Ibidem, f. 31'. — Minute.

10. Rome, 28 février 1588. Le cardinal Montalto exprime à Ernest de Bavière, archevêque de Cologne, etc., les regrets du pape Sixte V de ne pouvoir agréer sa demande concernant l'archidiaconé d'Ardenne du diocèse de Liège, attendu qu'à la réception de sa lettre l'archidiaconé était déja donné à Thierry de Linden.

Ibidem, f. 43. — Minute.

11. Rome, 19 mars 1588. Le cardinal Montalto promet à Alexandre Farnèse de prendre soin de tous ses intérêts.

Ibidem, reg. 2, f. 15'. — Minute.

12. Rome, 1er avril 1588. Le cardinal Montalto, répondant aux lettres d'Alexandre Farnèse des 20 et 31 janvier précédent, assure le duc qu'il se montrera toujours bienveillant à l'égard de son conseiller le docteur Papirio Picedi et qu'il accordera sa faveur à l'évêque d'Ancône.

Ibidem, f. 23. — Minute.

13. Rome, 13 avril 1588. Le cardinal Montalto annonce à Alexandre Farnèse que, selon le désir exprimé dans sa lettre du 13 juillet 1587, le pape Sixte V a bien reçu Philippe de Noircarmes et fera bon accueil à ses requêtes.

Ibidem, f. 32'. — Minute

14. Rome, 25 mai 1588. Le cardinal Montalto prie Alexandre Farnèse, de la part de Sixte V, d'intervenir dans un sens favorable à l'autorité pontificale dans une question de droit de patronage en Bourgogne.

Ibidem, reg. 3, f. 25. — Minute.

15. Rome, 5 juillet 1588. Le cardinal Montalto annonce à Alexandre Farnèse que le pape Sixte V, conformément à la demande du duc, a mandé l'évêque de Parme, Ferrante Farnèse, à Rome, et lui a enjoint de respecter les intérêts de Son Altesse.

Ibidem, f. 31 r. — Minute.

16. Rome, 6 août 1588. Le cardinal Montalto recommande au duc Alexandre Farnèse Théodore de Host à qui le pape a conféré la prévôté de Lubecq.

Ibidem, reg. 4, f. 5. — Minute.

17. Rome, 6 octobre 1588. Le cardinal Montalto informe Alexandre Farnèse que le chevalier Tomaso lui écrira au sujet de la dispense que Son Altesse a demandée pour Antonio Nuñez de Cordova.

Ibidem, f. 36. — Minute.

18. Rome, 10 décembre 1588. Le cardinal Montalto informe Alexandre Farnèse qu'on n'a pas encore vu le capitaine Rugieri Veronici, que le duc avait recommandé par lettre du 18 septembre.

Ibidem, reg. 5, f. 15. — Minute.

19. Rome, 2 janvier 1589. Le cardinal Montalto répond à la lettre d'Alexandre Farnèse du 7 décembre 1588 concernant les capucins.

Ibidem, f. 29. — Minute.

20. Rome, 4 avril 1589. Le cardinal Montalto informe Alexandre Farnèse que sa recommandation en faveur du chevalier anglais, Thomas Morgan, a été bien accueillie.

Ibidem, reg. 6, f. 5'. — Minute.

21. Rome, 5 juillet 1589. Le cardinal Montalto recommande à Alexandre Farnèse, Jean Panier, d'Arras.

Ibidem, reg. 7, f. 1'. — Minute.

22. Rome, 21 décembre 1589. Le cardinal Montalto informe Alexandre Farnèse que sur la recommandation de Son Altesse le pape a favorablement entendu l'évêque de Tournai (1).

Ibidem, reg. 8, f. 24. — Minute.

23. Rome, 6 mars, 1591. Le cardinal Sfondrato écrit à Alexandre Farnèse pour lui exprimer sa joie au sujet de la promotion de don Duarte, son fils, à la dignité cardinalice (2).

Lettere di Principi, t. CLII, reg. 1, f. 70. — Minute.

24. Rome, 17 mai 1591. Le cardinal Sfondrato écrit au duc Alexandre Farnèse que le pape Grégoire XIV désire et exige la restitution de quelques biens que les agents de Son Altesse ont pris à Alessandro Pallavicino, fils de Sforza.

Ibidem, reg. du mois de mai, f. 1'. — Minute.

---

(1) Il y a encore dans ce tome CXLIX plusieurs autres lettres adressées au duc de Parme, mais elles ont encore moins d'intérêt que la plupart des précédentes.

(2) Nous ne citons du tome CLII des *Lettere di Principi* que les lettres les moins insignifiantes.

25. Rome, 19 août 1591. Le cardinal Sfondrato, dont le frère, le duc de Montemarciano, est parti en France à la tête des troupes de Sa Sainteté le pape Innocent IX, conjure Alexandre Farnèse, de la part du pape, de se porter aussitôt au secours des catholiques français. Sinon il y a « danger que la religion » catholique ne se perde en un trait en France, en Flandre, » en Allemagne, puis en Italie et dans toute la chrétienté. »

Ibidem, reg. du mois d'août, f. 31. — Minute.

26. Rome, 14 octobre 1591. Le cardinal Sfondrato fait de nouvelles instances auprès d'Alexandre Farnèse, afin qu'il passe aussitôt en France. Le cardinal exprime le désir que les États généraux élisent le plus vite possible un roi catholique et valeureux.

Ibidem, reg. du mois d'octobre, f. 4. — Minute.

27. Rome, 23 décembre 1591. Le cardinal de Santi Quattro informe Alexandre Farnèse que, conformément aux conventions passées entre Grégoire XIII et le duc de Sessa, ambassadeur de Philippe II, au moment où les troupes pontificales furent envoyées en France, le duc de Sessa écrit à Son Altesse et lui-même la prie, de la part du pape, afin qu'il paye l'infanterie pontificale, composée de deux mille hommes, aux frais du roi d'Espagne.

Lettere di Principi, t. CLIII. — Minute.

28. Rome, 20 février, 1592. Monseigneur di Bertinoro répond aux félicitations que l'évêque d'Anvers avait adressées à Clément VIII à l'occasion de son élévation au trône pontifical.

Ibidem, f. 250. — Minute.

29. Rome, 22 février, 1592. Monseigneur de Bertinoro informe Alexandre Farnèse que le pape Innocent IX lui adresse un

bref, afin qu'il maintienne l'union parmi les catholiques qui combattent en France, particulièrement parmi les soldats italiens.

Ibidem, f. 112'. — Minute.

III. — *Correspondance de la cour romaine avec ses agents.*

Comme nous l'avons déjà dit, nous n'avons pu nous occuper que très peu des lettres des nonces. Pour ce motif, nous ne signalerons ici que quelques fragments de la correspondance échangée entre la cour romaine et ses agents. Nous traiterons de quatre objets différents :

1° La mission du cardinal de Pise à la cour de Charles-Quint et de Philippe II, en 1556;

2° Les lettres relatives aux controverses de l'Université de Louvain en 1561;

3° Les lettres de Fabio Mirto et d'Antonio Salviati, nonces en France, relatives aux Pays-Bas, en 1571 et 1572;

4° Quelques lettres de la Cour romaine à ses agents, de 1588 à 1592, concernant surtout l'intervention d'Alexandre Farnèse, duc de Parme, dans les guerres de religion en France.

1° *Mission du cardinal de Pise à la cour de Charles-Quint et de Philippe II, en 1556, et son brusque rappel.*

1. Discours que le cardinal Scipion Rebiba, évêque de Pise, doit tenir à l'empereur Charles-Quint pour lui faire connaître l'objet de sa mission comme légat du pape Paul IV (1).

Lettere di Principi t. XXII, f. 66.

---

(1) Nous avons pris le texte de ce discours et des lettres suivantes. Mais avant de publier ces pièces, nous attendrons d'avoir complété nos recherches sur cet incident.

2. 12 juillet 1556. Le duc de Paliano informe le cardinal de Pise, envoyé comme légat auprès de Charles-Quint et de Philippe II, que des révélations de Giovanni Antonio Tassis, maître des postes de l'empereur, prouvent les mauvaises dispositions des impériaux et que, considérant l'inutilité de sa mission à la cour de Charles-Quint, le pape lui ordonne de revenir aussitôt.

Ibidem, f. 70.— Déchiffré.

3. Bruxelles, 21 juillet 1556. Girolamo Muzarelli, archevêque de Conza, annonce au cardinal de Pise que le prince d'Ascoli et le comte de Chinchon lui députe un courrier à l'effet de savoir à quelle partie des frontières des Pays-Bas ils doivent le recevoir. Il lui déclare que l'empereur et Philippe II ont l'intention de l'accueillir avec beaucoup d'honneur.

Ibidem, f. 67. — Original.

4. Bruxelles, 23 juillet 1556. L'archevêque de Conza informe le cardinal de Pise qu'il lui envoie un courrier venu à son adresse de la part du maître des postes de Bologne. Il lui parle des excellentes dispositions de Charles-Quint et de Philippe II à l'égard du Saint-Père.

Ibidem, f. 68. — Original.

5. Eltham, 25 juillet 1556. Le cardinal Pole assure le cardinal de Pise qu'il trouvera chez Charles-Quint et Philippe II d'excellentes dispositions.

Ibidem, f. 69. — Original.

6. Maestricht, 25 juillet 1556. Certain Vincenzo annonce au cardinal de Pise qu'il vient d'arriver à l'instant même un gentilhomme de Carafa, envoyé pour lui parler, et lui transmet une lettre de l'archevêque de Conza arrivée peu auparavant.

Ibidem, f. 71. — Original.

7. Bruxelles, 1er août 1556. L'archevêque de Conza au cardinal de Pise. Il lui expose les raisons de ne pas exécuter, tout en restant dans les devoirs de l'obéissance, l'ordre qu'il a reçu du pape de se retirer en France. C'est « le commencement d'un vaste incendie, le plus nuisible à la religion qui soit arrivé depuis mille ans ».

Ibidem, f. 74. — Original.

8. Bruxelles, 1er août 1556. L'archevêque de Conza au cardinal de Pise. En réponse à sa lettre du 29 juillet, il lui transmet, par l'entremise d'un envoyé, les paroles de l'empereur, l'informe qu'il n'a pas reçu ses autres lettres et l'assure qu'il aura soin de sa famille. Il le supplie de lui obtenir la permission de quitter la cour de Bruxelles où il est venu contre son gré, où il a toujours été, pour ainsi dire, dans les fers, et maintenant plus que jamais.

Ibidem, f. 73. — Original.

9. Bruxelles, 4 août 1556. L'archevêque de Conza au cardinal de Pise. Il déplore la perte des avantages que sa présence à la cour aurait procuré à la religion. Il le prie de le faire relever de ses fonctions de nonce à Bruxelles. « La première année, il se croyait dans les limbes, la seconde dans le purgatoire, maintenant il est entré en enfer. »

Ibidem, f. 75. — Original.

10. Bruxelles, 10 août 1556. L'archevêque de Conza a cardinal de Pise. Il ne peut rejeter la faute des dissentiments actuels ni sur le pape ni sur l'empereur et son fils, mais il en rend responsables les ministres de ceux-ci. Voilà deux ans qu'il réclame à ce sujet. La question présente forcera peut-être à couper court à leurs agissements. Il a écrit sur cela une longue lettre à Caraffa. Il ne connaissait pas la cause du rappel du légat lorsqu'il lui a écrit le 1er août. Il ne lui a parlé que dans

l'intérêt du Saint-Père et pour la gloire de Jésus-Christ. A son avis, toute cette affaire est une manœuvre de Satan pour empêcher le Saint-Père de relever les mœurs et la religion. Il assure le légat qu'il jouit de toute l'estime de l'empereur, de Philippe II et de ses ministres.

Ibidem, f. 76. — Original.

2° *Lettres relatives aux controverses de Michel de Bay en 1561.*

1. Trente, 30 juin 1561. H. Gonzaga, cardinal de Mantoue, et de Scripandi, cardinal de Salerne, au cardinal Borromée. Ils ont reçu les lettres de Commendon au sujet de la controverse des théologiens de Louvain. Ils exposent au cardinal Borromée pourquoi ils ne veulent pas, avant d'avoir pris son avis, appeler à Trente Michel de Bay et Jean de Hessels, les deux chefs de la controverse, alors que Lindanus, théologien de l'université de Louvain, a été mandé par le pape à Rome. Ils opinent que le Saint-Père ferait bien d'adresser un bref à l'université de Louvain pour louer les services qu'elle a rendus à la foi et déclarer, mais sans entrer dans les détails, qu'ayant eu bruit de certaines controverses, il impose le silence à tous, à raison du besoin actuel d'union, et qu'il engage l'université à envoyer deux de ses théologiens au concile.

Lettere di Principi, t. XXII, f. 131. — Copie adressée à Commendone (1).

2. Trente, 1er juillet 1561. Lettre de H. Gonzaga, cardinal de Mantoue, à Commendon, nonce apostolique. Il lui accuse réception de ses lettres des 1er, 9, 14 et 15 juin précédent ainsi

(1) Cette copie porte en note la mention qu'elle fut reçue de Commendone le 25 juillet. Voyez cette lettre et les trois suivantes dans l'appendice III.

que des pièces relatives aux controverses de Michel de Bay et de Jean de Hessels et lui transmet une copie de la lettre qu'il a écrite avec le cardinal de Trente au cardinal Borromée. Depuis l'expédition de cette lettre, il lui est venu la pensée qu'il serait bon que le Saint-Père, au lieu de s'en remettre à l'université, appelât quelques théologiens de cette université. Il demande à Commendon conseil à ce sujet et l'engage à prendre l'avis de Granvelle.

Ibidem, f. 132. — Original.

3. Trente, 31 août 1561. Le cardinal de Mantoue informe Commendon que les légats du concile n'ont plus à s'occuper des controverses de Louvain, vu que le pape, secondé par Granvelle, a imposé silence aux deux parties. Les légats laisseront aussi au pape le soin de mander au concile les théologiens de cette université (1).

Ibidem, f. 138. — Original.

3° *Correspondance de Fabio Mirto et d'Antonio Salviati, nonces en France.*

Nous l'avons déjà dit plus haut, il nous a été impossible de rechercher dans les principales nonciatures de l'époque de Philippe II les diverses lettres qui peuvent intéresser nos annales. Cependant, la Commission royale d'histoire ayant signalé à notre attention des lettres du

(1) Parmi ces lettres se trouve la suivante, étrangère aux controverses de Louvain, mais intéressante pour l'histoire des Flandres :

Trente, 2 juillet 1561. Le cardinal de Mantoue prie Commendon de lui chercher en Flandre un jeune homme catholique, âgé de vingt à vingt-deux ans, sachant causer l'italien et sachant parler et écrire le français et l'allemand. Il utiliserait ses services dans les affaires du concile et se l'attacherait en qualité d'écuyer. *Ibidem*, f. 133. — Original.

nonce Salviati sur les événements de notre pays, en date des 18 et 23 juillet et du 1er août 1572, nous avons examiné les tomes IV et V de la *Nunziatura di Francia*. Nous signalerons ici, sous forme de registres, les pièces qui nous ont paru les plus intéressantes et dont nous avons pris le texte ou fait l'analyse.

Le tome IV renferme les lettres de l'évêque de Cajazzo, nonce à Paris, écrites en 1570 et 1571. Il s'y trouve quelques missives de l'année 1571 où le nonce s'occupe des Pays-Bas. Dans le tome V sont réunies quelques communications du même personnage et celles de son successeur Antonio Maria Salviati, de l'année 1572. Les correspondances de Salviati en 1572 ont une extrême importance, on le sait. Elles fournissent notamment de nombreux renseignements sur la Saint-Barthélemy qui ont déjà été partiellement utilisés par divers auteurs. Naturellement, nous avons surtout porté notre attention sur les passages relatifs à Philippe II et aux affaires des Pays-Bas.

1. Melun, 2 août 1571. Fabio Mirto, évêque de Cajazzo, nonce en France, au cardinal Rusticucci. Philippe II a fait exprimer au roi de France, Charles IX, par l'intermédiaire de Jérôme de Gondi, des plaintes au sujet des préparatifs militaires du monarque français sur les frontières de Flandre. Charles IX a répondu qu'il réunit un peu de troupes contre les corsaires.

Nunziatura di Francia, t. IV, f. 105. — Original.

2. Langeais, 25 novembre 1571. Fabio Mirto au cardinal Rusticucci. L'ambassadeur d'Espagne, qui était resté plus de deux mois sans paraître à la cour, a obtenu de Philippe II la permission de s'en retourner. Il est parti sans rien dire à Charles IX ni à sa mère Catherine de Médicis. Sur ce, Charles IX

a rappelé son ambassadeur de la cour d'Espagne. Le nonce a demandé à la reine-mère quel pouvait bien être le motif de ce départ subit de l'ambassadeur de Philippe II. La reine mère assure, et le nonce le croit, que jamais de son vivant la Cour de France ne rompera avec celle d'Espagne.

Ibidem, f. 150. — Original.

3. Tours, 11 décembre 1571. Fabio Mirto au cardinal Rusticucci. Parlant du départ de l'ambassadeur d'Espagne, la reine-mère a certifié au nonce que, tant qu'elle vivrait, la Cour de France ne s'engagerait jamais dans une rupture avec Philippe II. Après sa mort, sa fille tiendra la même ligne de conduite.

Ibidem, f. 158. — Original.

4. Paris, 9 juin 1572. Fabio Mirto au pape Grégoire XIII. Les graves craintes conçues au sujet des soulèvements en Flandre ne se sont pas réalisées. Valenciennes a été repris par les troupes du duc d'Albe. Le nonce a l'assurance que la ville de Mons sera bientôt emportée aussi, malgré la résistance de Louis, comte de Nassau, et de divers autres chefs Huguenots français. (1).

Nunziatura di Francia, t. V, p. 11. — Original.

5. Paris, 20 juin 1572. Fabio Mirto au cardinal di Como. Il exprime de nouveau l'espoir de voir bientôt Mons aux mains du duc d'Albe, et à cette occasion, il énumère les circonstances favorables à la cause royale dans les Pays-Bas, notamment la mort de Jeanne d'Albret, reine de Navarre, elle qui était l'âme des menées huguenotes contre les Pays-Bas, et dont la mort, a-t-il dit dans sa lettre du 9 juin, est l'œuvre admirable du Tout-Puissant, diverses autres causes encore, enfin la faiblesse

(1) Voyez l'appendice VI, n° 1.

militaire du prince d'Orange, Guillaume le Taciturne, son discrédit actuel en Allemagne, le grave danger où il se trouve par suite d'une atteinte d'apoplexie (1).

Ibidem, p. 21. — Original.

6. Paris, 29 juin 1572. Fabio Mirto au cardinal di Como. Monseigneur Salviati, désigné pour le remplacer en qualité de nonce, est arrivé le 24 au soir; mais il ne lui a pas fait l'honneur de descendre à son hôtel. Le 25, Mirto a conduit son successeur à l'audience du roi et de la reine-mère. L'entretien a roulé sur les troubles des Pays-Bas et sur la bonne entente avec la couronne d'Espagne. Charles IX et Catherine de Médicis ont protesté de leur amitié pour Philippe II et promis de prendre des mesures pour calmer les troubles de Flandre (2).

Ibidem, p. 38. — Original.

7. Paris, 29 juin 1572. Fabio Mirto au cardinal Buoncompagno. Même objet que la précédente.

Ibidem, p. 40. — Original.

8. Paris, 4 juillet 1572. Fabio Mirto au cardinal Buoncompagno. Le roi de France a fait publier dans les pays limitrophes de la Flandre des édits interdisant le transit des personnes et des armes de France aux Pays-Bas. Cependant il y a certaines paroles du duc d'Albe désagréables pour la cour de France et certains actes du parti des « tristes » qui pourraient, en s'aggravant, amener une rupture entre Philippe II et Charles IX. Pour éviter ce danger, Fabio Mirto a recommandé

(1) Cette lettre n'est pas du 28 juin, comme le dit M. Philippson, mais du 20 juin. — Theiner a donné le texte de ce passage dans ses *Annales ecclesiastici*, t. I, p. 339.

(2) Voyez l'appendice VI, n° 2.

à l'ambassadeur d'Espagne de prendre quelque peu patience, de ne parler d'affaires qu'avec Charles IX et Catherine de Médicis et de leur témoigner beaucoup de confiance, quand même leurs paroles et leurs démonstrations d'amitié ne seraient que de la simulation, comme plusieurs en répandent le bruit. Fabio Mirto a adressé des recommandations analogues au roi et à sa mère. De la part de ceux-ci, comme aussi de la part de l'ambassadeur d'Espagne, ses paroles ont été bien accueillies. L'ambassadeur d'Espagne étant allé entretenir Leurs Majestés au sujet de Genlis, un chef français des Huguenots qui s'était rendu de Mons à Paris pour intriguer contre les Pays-Bas, il a prié le roi et sa mère de faire publier à Paris les mêmes édits qui ont été publiés sur les confins de la Flandre, et Leurs Majestés lui ont promis de le faire, de même qu'ils ont défendu d'aller acheter les marchandises des navires capturés en Zélande. Le nonce déclare que le roi et la reine sont bien disposés à l'égard des Pays-Bas, mais qu'il faut souvent les mettre en garde contre les manœuvres des « tristes ». En conseil, Charles IX et sa mère ont décidé de ne pas faire la guerre, mais de se tenir armés à raison des forces que l'Espagne entretient sur terre et sur mer. C'est une manœuvre des « tristes », pour arriver en deux étapes à réaliser leur dessein de guerre (1).

Ibidem, p. 44. — Original.

9. Paris, 4 juillet 1572. Antonio Maria Salviati au cardinal di Como. Dans le conflit des chanoines d'Avignon avec le prince d'Orange, il fera tous ses efforts en faveur des chanoines. Mais le roi et sa mère ont bien peu d'autorité sur le prince d'Orange qui « fait profession d'être un seigneur absolu et indépendant de tout autre prince » (2).

Ibidem, p. 42. — Original.

---

(1) Voyez l'appendice VI, n° 3

(2) Voyez l'appendice VI, n° 4.

10, Paris, 6 juillet 1572. Salviati au cardinal Buoncompagno. Dans une lettre du 4 juillet, il lui a attesté les bonnes dispositions du roi et de la reine-mère à garder la paix avec l'Espagne. De part et d'autre il y a quelques indices fâcheux, mais sans gravité, de dispositions à la guerre. Il n'est pas encore possible d'amener le roi à châtier les Huguenots qui s'étaient rendus en Flandre. L'ambassadeur d'Espagne n'a même pu obtenir l'emprisonnement de Genlis et s'est contenté de demander la publication à Paris des édits publiés dans le reste de la France contre les sujets du roi qui se rendent en Flandre; ce matin Catherine de Médicis a fait au nonce promesse formelle à ce sujet. L'ambassadeur d'Espagne voudrait aussi obtenir le désarmement de la flotte de Strozzi. Le nonce croit que le roi et la régente sont attachés aux idées de paix. Seulement un conseil secret auquel ont pris part le roi, la régente, les maréchaux de France et l'amiral Coligny, lui fait quelque peu craindre une subite décision de guerre. Des bandes huguenottes marchent aussi vers la Flandre, mais elles se contenteront vraisemblablement de la mise en liberté du gendre de Coligny. A ce sujet, le nonce fera de nouvelles instances pour qu'on châtie les rebelles.

Le bruit court que le duc d'Albe a demandé de l'argent au grand-duc de Florence... On parle beaucoup des secours pécuniaires envoyés au duc d'Albe par Philippe II.

Les partisans de la guerre contre l'Espagne ont répandu la rumeur que Philippe II travaille en vue d'empêcher le pape Grégoire XIII d'accorder la dispense pour le mariage du roi de Navarre, Henri de Bourbon, avec Marguerite de Valois, sœur de Charles IX, afin d'amener Charles IX à nuire à Philippe II aux Pays-Bas. Leurs manœuvres ont si bien réussi que la cour a décidé de ne pas adresser de félicitations au Saint-Père, avant d'avoir des nouvelles concernant la dispense (1).

Ibidem, pp. 49 et 51. — Original.

---

(1) Voyez l'appendice VI, nos 5 et 6.

11. Paris, 8 juillet 1572. Salviati, nonce en France, au cardinal Buoncompagno. L'édit contre ceux qui se rendent en Flandre a été publié, ce qui a provoqué la jalousie de l'ambassadeur d'Espagne à l'égard du nonce, à raison de ce que l'ambassadeur demandait depuis cinquante jours cette publication, sans l'avoir obtenue, et que le nonce l'a obtenue de suite. A la nouvelle que des compagnies huguenottes se rassemblaient de nouveau pour marcher en Flandre, l'ambassadeur d'Espagne a dépêché un courrier. Le nonce est allé lui montrer qu'il y va de sa réputation de ne pas exagérer les choses. Le nonce a grand espoir que la paix se maintiendra, surtout que le roi et la régente l'affirment sans cesse. Mais certaines négociations inspirent quelques craintes, et il en sera ainsi tout l'été, à raison que les Huguenots français sont armés et que le roi ne voudrait pas les pousser à bout. Peut-être le roi pense-t-il qu'ils lui serviraient de rempart, si le duc d'Albe venait à se porter en France, lorsqu'il aura réuni assez de troupes. En cela, le duc porte ombrage plus que ne le ferait un autre gouverneur de Flandre, à cause des propos altiers qu'il tient, même à l'agent du roi de France (1).

Ibidem, p. 58. — Original.

12. Paris, 16 juillet 1572. Salviati au cardinal Buoncompagno. Le nonce ayant appris qu'il avait été décidé en conseil royal d'envoyer à Strozzi l'ordre de lever l'ancre, il est allé aussitôt trouver le roi et la reine-mère pour essayer de connaître le motif de cette décision. Leurs Majestés ont voulu lui faire entendre que c'était de nature à rassurer le roi d'Espagne, puisqu'on engageait dans une entreprise lointaine six mille fantassins d'élite et deux cents cavaliers. Le roi et la reine-mère lui ont commandé de certifier au Saint-Père qu'ils ne donneront aucun ennui ni aux états du roi d'Espagne ni à ceux du

(1) Voyez l'appendice VI, n° 7.

roi de Portugal. Le nonce a fait remarquer qu'on ne pouvait envoyer à la recherche de pays nouveaux, sans s'ingérer dans les affaires d'Espagne et de Portugal. La reine a insisté pour qu'on exposât au pape que cette expédition était l'unique moyen de seconder son désir de la paix. Le nonce a demandé alors de lui parler, non comme nonce, mais comme ami. Si vous voulez la paix, a-t-il dit, il faut renoncer à ces procédés équivoques. Si vous voulez la guerre, je ne puis écrire au Saint-Père que vous prenez cette mesure en vue de la paix : ce serait le jeter résolûment dans le parti de Philippe II.

Salviati annonce ensuite que la flotte de Strozzi se trouve déjà du côté de La Rochelle et de Bordeaux. Elle lèvera l'ancre au plus tôt dans six ou sept jours, sous la conduite du baron de la Garde ou, à son défaut, de Philippe Strozzi. Le nonce parle des négociations secrètes avec la Turquie, à l'effet d'amener la paix entre Venise et Constantinople, mais il ne peut obtenir de renseignements. On ne fait guère provision d'argent, ce qui est bon signe pour la paix. Mais ce qui inspire des craintes, ce sont les négociations actives entre les ambassadeurs anglais et le parti militaire de la cour, Coligny en tête.

A Paris, il est difficile actuellement d'avoir des nouvelles sur les Pays-Bas. Le nonce croit que les belligérants ont peu de troupes et cherchent du renfort. Le duc d'Albe s'efforce de recruter des Wallons et des Allemands. Les rebelles travaillent pour que le roi de France se prononce en leur faveur et qu'ils aient ainsi l'appui des Huguenots de France. Ils cherchent aussi du renfort en Allemagne et surtout auprès d'Élisabeth.

Le nonce relate quelques faits témoignant des excellents rapports entre Élisabeth d'Angleterre et la cour de France. Il parle également de l'entente entre le duc de Savoie et Charles IX.

Au dernier conseil, les membres ont dû donner leur avis par écrit sur la question de la paix et de la guerre avec l'Espagne. La majorité s'est prononcée pour le maintien de la paix.

Il est alors question de Marie Stuart, puis des fortifications de Marseille en vue d'une attaque éventuelle des Espagnols.

Les villes de Flandre ont été se plaindre à Philippe II de la rigueur du duc d'Albe et des lourds impôts qui les accablent. Le roi a laissé entendre que ces actes du duc d'Albe étaient contraires à ses ordres, qu'il voulait y porter remède et a déclaré « que les séditions des peuples doivent se calmer par la douceur et non par le glaive (1) ».

Ibidem, p. 60. — Original.

15. Paris, 21 juillet 1872. Salviati au cardinal Buoncompagno. On croit que la flotte de Strozzi n'a pas encore mis à la voile. On dit qu'elle a pour mission de tenir le roi d'Espagne en respect. Depuis la naissance des mouvements séditieux en Flandre, on a même commencé à persuader au roi qu'avec cette flotte il pourrait bien se rendre maître des Pays-Bas. On a tout fait pour donner à entendre aux Huguenots partis en Flandre que le roi s'est déclaré en leur faveur. Le nonce a parlé au roi des dangers auxquels il s'exposait, s'il écoutait des personnages si astucieux; il a reçu les meilleures assurances de paix. Les manœuvres, les intrigues, les négociations de la cour avec l'Angleterre continuent activement. Coligny est l'âme de ces machinations. Charles IX et Catherine de Médicis démentent toujours par leurs actes les déclarations qu'ils font aux ambassadeurs, ce dont l'ambassadeur d'Espagne s'est plaint.

Il est question d'envoyer Biron en ambassade à Constantinople.

Le nonce ne sait pas encore s'il assistera aux noces de Henri de Bourbon avec Marguerite de Valois. La cour de France est mécontente de ce que le grand-duc de Florence ait aidé le duc d'Albe à trouver de l'argent; mais on en reviendra à de

(1) Voyez l'appendice VI, n° 8.

bons rapports pour porter ombrage aux Espagnols. Embarras financiers de Charles IX. Mesures qu'il prendra probablement pour se créer des ressources. Rivalité entre la duchesse de Nemours et la duchesse de Longueville au sujet de la préséance aux noces de Marguerite de Valois. Le nonce n'est pas encore allé en Flandre, parce que les dispositions de la cour de France ne permettent pas d'espérer un bon résultat de ce voyage. — Genlis, parti au secours de Mons avec 4,000 fantassins et 800 cavaliers, a été défait.

Le roi est tiré en sens contraires. Pour l'entraîner à la guerre, les Huguenots font valoir leurs avantages en Flandre. La flotte, à ce que croit Salviati, se portera au secours de Louis de Nassau, si celui-ci prend le dessus; sinon, elle prendra le large et reviendra. Dans l'intérêt de la paix, il est donc nécessaire que le duc d'Albe ait des succès; mais pas des succès tels, que sa puissance cause des alarmes à la cour de France ou rende le duc trop altier (1).

Ididem, p. 69. — Original.

14. Paris, 22 juillet 1571. Salviati au cardinal Buoncompagno. Les Huguenots ont perdu près de Mons beaucoup de prisonniers, et l'on parle de centaines de morts. Il lui envoie copie de la lettre du maître des postes de Cambrai au secrétaire de l'ambassade espagnole (2).

La défaite des Huguenots près de Mons contribuera grandement au maintien de la paix. Si le duc d'Albe faisait exécuter tous les prisonniers Huguenots, ce serait amoindrir considérablement la situation de ce parti, rendre le repos à la France et faciliter le maintien de la paix (3).

Ibidem, p. 75. — Original.

---

(1) Voyez l'appendice VI, n°s 9 et 10.
(2) Voyez l'appendice VI. n° 13.
(3) Voyez l'appendice VI, n°s 11 et 12.

15. Paris, 23 juillet 1572. Salviati au cardinal Buoncompagno. Il lui donne des détails sur la défaite des Huguenots à Saint-Ghislain, d'après une lettre de don Federico, fils du duc d'Albe. Il a de plus appris que le duc d'Albe a fait exécuter, le 19, à Bruxelles, quarante prisonniers. Six mille fantassins allemands sont arrivés au camp de don Federico.

Malgré l'absence du roi et de la reine-mère, le nonce a fait la veille des démarches pour empêcher que Charles IX ne prenne sous sa protection les prisonniers français. Il se croit assuré que le roi ne le fera pas. Celui-ci a témoigné beaucoup de joie de la défaite de Genlis (1).

Ibidem, p. 78. — Original.

16. Paris, 1er août 1572. Salviati au cardinal Buoncompagno. Genlis aurait déclaré qu'il était allé aux Pays-Bas comme soldat du roi de France, que celui-ci lui avait donné des lettres patentes pour lever des troupes et avait dépensé depuis trois mois sept cent mille ducats. Le nonce est parfaitement certain que ces déclarations sont fausses.

On entend dire que des troupes arrivent de plusieurs côtés au duc d'Albe, et que le prince d'Orange est bien fourni de cavalerie et d'infanterie. Ce sera un malheur pour la Flandre de devoir nourrir tant de monde.

L'ordre de partir donné à la flotte de Strozzi n'a pas été exécuté. Montgomery lève, dit-on, des troupes en Normandie pour marcher au secours des Huguenots en Flandre. L'ancien nonce Fabio Mirto est parti le 25 juillet. Salviati a adressé une lettre de félicitations au duc d'Albe et l'a informé de la mission qu'il a reçue du pape de traiter de la paix. Quand l'occasion sera favorable, le nonce se rendra en Flandre.

---

(1) Voyez l'appendice IX, nos 14 et 15.

L'amiral Coligny a déclamé contre toute la nation espagnole, dans la pensée de rendre ainsi service aux prisonniers huguenots de Flandre, mais tout s'est apaisé comme de soi-même.

Giovanni Michele, ambassadeur de Venise, est arrivé à la cour, apparemment pour traiter de la paix avec le Turc et pousser à la guerre contre l'Espagne, ce qui plairait aux princes de France. La défaite de Genlis, moins pour le nombre d'hommes perdus que pour le coup porté à la réputation des Huguenots, nuit beaucoup à leur cause et a ruiné leur plan contre la Flandre. Sans cette défaite, le roi aurait été entraîné à la guerre. La régente, le comte de Retz et ses amis veulent à tout prix la paix avec l'Espagne (1).

Ibidem, p. 83. — Original.

4° *Lettres de la cour romaine à ses agents.*

Nous arrivons aux correspondances de la cour de Rome à ses agents, correspondances que nous avons relevées, ainsi que nous l'avons déjà dit, non pas dans le fonds des nonciatures, mais dans les *Lettere di Principi* (2). Elles portent spécialement sur l'intervention d'Alexandre Farnèse dans les guerres religieuses en France.

---

(1) Voyez l'appendice VI, n°s 16 et 17.

(2) Dans le tome XLVII de ces *Lettere di Principi* se trouvent les dépêches que le cardinal Morosini, nonce en France, adressa, en 1588 et 1589, au cardinal Montalto. Nous n'y avons rien relevé d'intéressant sur Alexandre Farnèse. Nous signalerons cependant la lettre du 25 octobre 1588 (f. 22), au sujet du désastre de la flotte espagnole, celles des 1, 7 et 10 octobre concernant l'arrivée de l'ambassadeur de Danemark en France et le but de sa mission (f. 24 et 30).

1. Rome, 2 janvier 1588. Le secrétaire du pape Sixte V informe Ottavio Mirto, évêque de Cajazzo et nonce de Cologne, que lorsque Ernest de Bavière, électeur de Cologne, aura envoyé au Saint-Père l'indult concernant l'église de Liège, le pape prendra la décision qui lui paraîtra la plus convenable, car il désire que tous les princes et prélats soient soumis et dévoués au Saint-Siège non par intérêt, mais spontanément.

Lettere di Principi, t. CLI, f. 1. — Minute.

2. Rome, 5 mars 1588. Le cardinal Montalto à Ottavio Mirto, évêque de Cajazzo et nonce de Cologne. Il avertit le nonce que, si le duc de Parme l'appelle aux négociations en vue de la paix avec l'Anglerre, il peut accepter l'invitation, à condition qu'il soit traité avec égards. Mais le pape est d'avis qu'il est préférable de ne pas accepter. Car ces sortes de négociations portent préjudice au Saint-Siège.

Ibidem, f. 7' — Minute.

3. Rome, 4 janvier 1589. Le cardinal Sfondrato à Monseigneur di Grassi, nonce d'Espagne. Après lui avoir dit d'intervenir auprès de Philippe II afin que le roi accorde l'ordre de la Toison d'or au nouveau duc de Clèves, lequel peut rendre de grands services à la cause catholique en Flandre, ainsi que le duc de Parme l'a écrit au roi, Sfondrato avertit le nonce de demander à Philippe II qu'il fasse payer les rentes ordinaires, assignées sur les entrées du roi et les biens du fisc, à l'Université de Louvain, qui, « au sein des troubles si grands des temps présents, a toujours été fidèle au roi et constante dans la défense de la foi catholique..... afin qu'elle ne vienne pas à s'anéantir, à la honte et pour le malheur » de l'Église. — A la fin de sa lettre, le secrétaire du pape donne aussi à di Grassi la mission de solliciter du roi qu'il veuille pourvoir de pasteurs les églises de Flandre qui n'en ont pas.

Ibidem, f. 395. — Minute.

4. Rome, 4 février 1589. Le cardinal Montalto à Caetano, nonce de France. On a appris le départ d'une partie des troupes du duc de Parme pour la France. Le cardinal prie le nonce de tenir le pape au courant des événements (1).

Ibidem, f. 21. — Minute.

5. Rome, 19 août 1589. Le cardinal Montalto au nonce de France. Il lui manifeste la douleur et les angoisses du pape à la nouvelle de la maladie du duc de Parme (2).

Ibidem, f. 35. — Minute.

6. Rome, 18 septembre 1589. Le cardinal Montalto à Millino, nonce d'Espagne. Il lui mande d'intervenir auprès du roi Philippe II afin que les soldats espagnols envoyés au secours du duc de Clèves ne commettent plus tant de ravages.

Ibidem, f. 425. — Minute.

7. Rome, 21 octobre 1589. Le cardinal Montalto au nonce de France, Caetano. Il lui exprime la joie de la cour romaine d'apprendre la guérison du duc de Parme.

Ibidem, f. 38'. — Minute.

8. Rome, 28 octobre 1589. Le cardinal Montalto au nonce de France, Caetano. Il lui exprime le déplaisir extrême qu'éprouve la cour romaine en apprenant, de divers côtés, qu'il y a peu d'espoir de sauver les jours du duc de Parme.

Ibidem, f. 59. — Minute.

---

(1) La même demande est réitérée dans les lettres des 18 et 25 février. *Ibidem*, f 22' et 25.

(2) Les mêmes sentiments sont exprimés dans les lettres du 26 août, du 2 et du 9 septembre, du 7 et du 14 octobre. *Ibidem*, f. 35 et suiv.

9. Rome, 16 février 1590. Le cardinal Montalto à Caetano, nonce de France. Il lui déclare « que la visite du duc de Parme au nonce a été très agréable à Sa Sainteté, mais que le pape ne voit pas quel profit on peut faire sans les ordres exprès du roi catholique ».

Ibidem, f. 39'. — Minute.

10. Rome, 4 avril 1591. Instructions rédigées par le cardinal Caetano pour Monseigneur Landriano, nonce en France. Le nonce a pour mission de rétablir la religion en France. A cet effet, il doit travailler à détacher la noblesse du parti de Henri de Navarre. Il faut donc déclarer que le pape est décidé à ne jamais accepter celui-ci pour roi. Cependant le pape est loin de poursuivre une politique espagnole : il n'a d'autre but que de sauvegarder la religion et l'unité du royaume de France. S'il avait à sa disposition des forces suffisantes, il défendrait au roi d'Espagne et au duc de Parme d'intervenir dans la lutte. Le nonce doit aussi travailler à établir l'union entre la noblesse et la ligue.

Lettere di Principi, t. CL, f. 17. — Minute.

11. Rome, 10 août 1591. Sfondrato à Monseigneur de Sega, légat en France. Il l'entretient des efforts déployés pour obtenir en Flandre des secours contre Henri de Navarre (1).

Ibidem, f. 40. — Minute.

12. Rome, 14 octobre 1591. Sfondrato A Monseigneur Landriano. Il lui déclare qu'à la cour romaine on est d'avis qu'il faudrait unir les forces des catholiques français, celles de Flandre et d'Italie qui sont en France, assembler les États généraux et y élire un roi catholique (2).

Ibidem, f. 33. — Minute.

(1) Cf. la lettre du 5 août 1595 de Sfondrato au duc de Mayenne. — *Lettere di Principi*, t. CLII, f. 1.

(2) Cf la lettre du même jour de Sfondrato au duc de Mayenne. — *Lettere di Principi*, t. CLII, f. 4'. Dans une lettre du 7 juin suivant, Pietro

13. Rome, 13 novembre 1591. Monseigneur di Bertinoro, secrétaire d'Innocent IX, au duc de Montemarciano, lieutenant général des troupes pontificales en France. Le pape est affligé du triste état des troupes en France, du peu de fruit qu'il retire de ses dépenses, et surtout de la lenteur du duc de Parme à passer dans ce pays. Si celui-ci s'y rend avant le 15 décembre, il faut joindre à ses troupes toutes les forces pontificales. S'il n'arrive pas pour ce terme, le duc de Montemarciano devra ne conserver que mille cavaliers et licencier les autres avec toute l'infanterie.

Lettere di Principi, t. CLIII. — Minute non cotée, insérée entre les feuillets 21 et 23.

14. Rome, 13 novembre 1591. Bertinoro à Monseigneur Matteucci, commissaire de l'armée pontificale en France. Le pape Innocent IX lui recommande de veiller à ce que l'argent de Sa Sainteté ne soit pas inutilement dépensé en France (1).

Ibidem, f. 2. — Minute.

Millino relate à Bertinoro qu'il a eu une audience avec Philippe II, le dimanche 24 mai, et qu'il lui a causé des affaires de France. Il rend compte de cet entretien au secrétaire du pape dans une autre lettre de la même date. Le nonce a déclaré à Philippe II, de la part du pape, qu'il faut en France un roi catholique et que, pour cela, il faut une élection. Le roi s'est montré du même avis. D'après un entretien que Millino a eu avec Giovanni de Idiaquez, lequel lui a confié la pensée du roi, il est faux que Philippe II ne veuille pas de roi en France. — *Lettere di Principi*, t. CLII, f. 35. — Original.

(1) A la même date, Bertinoro écrivit dans le même sens à Monseigneur de Sega, évêque de Parme et de Plaisance, légat du pape en France, ainsi qu'à Monseigneur Landriano, nonce en France. *Ibidem*, f. 10 et 19. — Dans une autre lettre du même jour Bertinoro informe Monseigneur de Sega que le pape le confirmait dans ses fonctions. *Ibidem*, f. 9. — Dans une lettre du 7 décembre suivant, Bertinoro adresse à Matteucci de nouvelles recommandations financières. — Dans une lettre du 19 du même mois, il déclare au duc de Lorraine qu'il est impossible au pape d'accorder des secours pécuniaires.

15. Rome, 25 novembre 1591. Bertinoro déclare dans une lettre à Monseigneur Landriano, nonce en France, que la lenteur du duc de Parme à passer en France ruine tout.

Ibidem, f. 20. — Minute.

16. Rome, 22 décembre 1591. Bertinoro informe Landriano que le pape Innocent IX le rappelle en Italie et confie à Monseigneur de Sega tout le soin de la nonciature.

Ibidem, f. 21. — Minute.

17. Rome, 28 décembre 1591. Bertinoro informe Monseigneur de Sega que Monseigneur Landriano est rappelé et que lui seul désormais aura toute la charge de la nonciature en France.

Ibidem, f. 15. — Minute.

18. Rome, 5 janvier 1592. Bertinoro informe Matteucci qu'avant de tomber malade le pape Innocent IX a exprimé la volonté qu'à l'arrivée du duc de Parme en France, le duc de Montemarciano lui obéisse « *in omnibus et per omnia* ». Le collège des cardinaux a réduit à mille écus par mois la provision du duc de Montemarciano.

Ibidem, f. 6. — Minute.

19. Rome, 22 janvier 1592. Bertinoro informe Matteucci qu'il a communiqué au cardinal Sfondrato, frère du duc de Montemarciano, l'ordre du feu pape Innocent IX concernant la préséance du duc de Parme. A la fin de sa lettre il l'entretient du plan de campagne d'Alexandre Farnèse, et lui dit qu'au printemps prochain Philippe II pourra envoyer en France 14,000 fantassins et 5,000 cavaliers d'Aragon.

Ibidem, f 7. — Minute.

20. Rome, 6 février 1592. Bertinoro transmet au duc de Montemarciano un bref du pape Clément VIII pour lui enjoindre de se subordonner au duc de Parme.

Ibidem, f. 105. — Minute.

21. Rome, 12 février 1592. Bertinoro au cardinal de Sega, légat en France. Le pape Clément VIII ordonne qu'on retienne tous les Suisses qui se trouvent dans l'armée pontificale ainsi que tous les cavaliers italiens. Il faut en outre leur adjoindre des lanciers français, en tel nombre que l'armée comprenne mille bons cavaliers. Le pape se charge des frais. En ce qui concerne le recrutement, il faut prendre conseil du duc de Parme et du duc de Mayenne.

Ibidem, f. 34. — Minute.

22. Rome, 12 février 1592. Bertinoro à Matteucci. Même objet que la lettre précédente à de Sega, cardinal de Plaisance (1).

Ibidem, f. 73 — Minute.

23. Rome, 18 février 1592. Bertinoro au cardinal de Sega. Il faut tâcher de donner des charges dans l'armée de la ligue aux catholiques du parti de Henri de Navarre, surtout au duc de Longueville. Si l'on savait y arriver sans risque d'être trahi, « ce serait l'un des plus grands coups que l'on pourrait porter à Navarre sans répandre de sang ».

Ibidem, f. 37. — Minute d'une dépêche chiffrée.

24 Rome, 18 février 1892. Bertinoro ordonne à Matteucci de prendre à la solde, pour remplacer les Suisses licenciés, mille cavaliers en plus des mille cavaliers dont le recrutement a été commandé par la lettre du 12 de ce mois. Le pape veut que tout se fasse d'après les conseils du duc de Parme et du duc de Mayenne.

Ibidem, f. 74. — Minute.

---

(1) Cfr. la lettre du même jour de Bertinoro à Mgr Pietro Grosso. — *Ibidem*, f. 112.

25. Rome, 25 février 1592. Bertinoro exprime à Matteucci la douleur du pape Clément VIII de voir l'armée pontificale réduite à rien. Il lui annonce que Sa Sainteté a accordé au duc de Montemarciano la permission de retourner en Italie, et qu'Appio Conti est nommé lieutenant des troupes pontificales, etc. (Voyez la lettre suivante.)

Ibidem, f. 74'. — Minute.

26. Rome, 25 février 1592. Bertinoro annonce au cardinal de Sega que le pape Clément VIII permet au duc di Montemarciano de rentrer en Italie. Les débris de l'armée pontificale sont confiés à Appio Conti, nommé lieutenant général. Si les Suisses ne sont pas partis, il faut les retenir de même que la cavalerie italienne et la cavalerie française; et cela « parce qu'il n'y a pas manqué d'hommes sages et expérimentés qui ont affirmé que, si l'on prend à la solde des Bourguignons ou des Wallons, on ne les verra jamais qu'au moment de la revue, et l'argent sera gaspillé ».

Ibidem, f. 55'. — Minute.

27. Rome, 25 février 1592. Bertinoro informe le duc de Montemarciano que le pape lui permet de retourner en Italie.

Ibidem, f. 106. — Minute.

28. Rome, 25 février 1592. Bertinoro informe Appio Conti que le pape Clément VIII le nomme lieutenant général de l'armée pontificale en France, et qu'il doit suivre les ordres du cardinal de Sega (1).

Ibidem, f. 108. — Minute.

---

(1) Par lettre du 4 juillet suivant, « Bertinoro informe Appio Conti que la Congrégation pour les affaires de France lui accorde comme traitement 400 écus de monnaie par mois ». — *Ibidem*, f. 109.

29. Rome, 25 mars 1592. Bertinoro informe de nouveau le duc de Montemarciano que le pape Clément VIII lui permet de rentrer en Italie.

Ibidem, f. 107. — Minute.

30. Rome, 4 avril 1592. Bertinoro exprime à Matteucci la joie ressentie à Rome par suite des succès d'Alexandre Farnèse. Matteucci doit savoir qu'il ne peut jamais considérer Henri de Navarre comme roi. Le secrétaire du pape lui indique les personnages qui peuvent être acceptés comme candidats au trône.

Ibidem, f. 78'. — Minute.

31. Rome, 18 avril 1592. Bertinoro informe le cardinal de Sega que Clément VIII l'a nommé légat *a latere*, dans le consistoire. Il lui transmet les instructions du pape au sujet de l'élection d'un roi en France. Il lui indique que, pour éviter les dépenses, il faut licencier les Suisses. On remplacera ceux-ci, mais seulement quand les alliés entreront en campagne avec leurs forces.

Ibidem, f. 44. — Minute d'une dépêche en partie chiffrée.

32. Rome, 18 avril 1592. Bertinoro à Matteucci. Même objet que la lettre précédente. En passant, le secrétaire de Clément VIII déclare à Matteucci que le pape reçoit avec beaucoup de plaisir ses informations, qui sont « claires, nettes et fidèles ».

Ibidem, f. 80. — Minute d'une dépêche en partie chiffrée.

33. Rome, 19 avril 1592. Bertinoro informe le cardinal de Sega que, selon le désir du duc de Sessa, ambassadeur de Philippe II, à Rome, le pape ordonne que les troupes pontificales soient placées sous le commandement suprême du duc de Parme, etc. (Voyez la lettre suivante.)

Ibidem, f. 46'. — Minute.

54. Rome, 19 avril 1592. Bertinoro mande à Matteucci de licencier de suite les Suisses, à moins que le duc de Parme ne les garde aux frais de Philippe II. Il lui indique comment il faudra s'y prendre, si l'on reconstitue une nouvelle armée aux gages du pape.

Ibidem, f. 82. — Minute.

55. Rome, 28 avril 1592. Bertinoro déclare dans une lettre au cardinal de Sega que le pape n'a rien tant à cœur que la convocation des États généraux et l'élection d'un roi en France.

Ibidem, f. 48. — Minute.

56. Rome, 14 mai 1592. Bertinoro transmet à Matteucci les instructions du pape Clément VIII concernant le licenciement, les dépenses et le commandement des troupes pontificales en France.

Ibidem, f. 84. — Minute.

57. Rome, 4 juin 1592. Bertinoro au cardinal de Sega. Dans un post-scriptum, il l'informe que Sa Sainteté a écrit une lettre de sa propre main au duc de Parme pour lui offrir ses condoléances au sujet de la blessure qu'il a reçue au bras droit sous Caudebec, le prier et lui ordonner de ne plus s'exposer à de tels périls.

Ibidem, f. 51[v]. — Minute.

58. Rome, 20 juin 1592. Bertinoro raconte au cardinal de Sega les éloges qu'on décerne, à Rome, au duc de Parme pour la valeur dont il a fait preuve dans la retraite de Rouen à Paris. Dans un post-scriptum chiffré, il rapporte qu'à Rome on n'a plus de nouvelles de Mateucci depuis qu'il a été arrêté par le duc de Mayenne et qu'il s'est enfui de sa prison. On estime parfaitement bien à Rome que « toute la guerre faite à monseigneur Matteucci n'avait d'autre raison que de lui enlever l'argent ». On parle aussi que le duc de Mayenne et celui de

Lorraine se sont accordés ou qu'ils négocient pour s'accorder avec Henri de Navarre, que la discorde règne entre le duc de Parme et le duc de Mayenne, et que les Français ont trahi le duc de Parme.

Ibidem, f. 55'. — Minute.

39. Rome, 27 juin 1592. Bertinoro au cardinal de Sega. Dans un post-scriptum chiffré, il lui expose que le pape ne peut fournir pour les affaires de France plus de quinze mille écus par mois et se plaint de ce que, depuis moins de deux ans, le Saint-Siège a dépensé plus d'un million sans qu'on soit arrivé à aucun résultat et sans que les Français aient répondu à ces sacrifices.

Ibidem, f. 57'. — Minute.

40. Rome, 27 juin 1592. Bertinoro donne des instructions à Matteucci concernant les dépenses et le recrutement des troupes pontificales. Il lui annonce l'heureuse nouvelle que le pape a décidé de le rappeler en Italie.

Ibidem, f. 90'. — Minute.

41. Rome, 4 juillet 1592. Bertinoro annonce à Matteucci que parmi quatre candidats le pape a désigné pour le remplacer Monseigneur Malvasia.

Ibidem, f. 92. — Minute.

42. Rome, 7 juillet 1592. Bertinoro informe le cardinal de Sega que, suivant le conseil du duc de Parme, le pape ordonne qu'on engage trois mille fantassins et deux cents cavaliers et qu'on dépense pour eux quinze mille écus par mois, mais pas plus.

Ibidem, f. 59. — Minute.

43. Rome, 13 juillet 1592. Bertinoro avertit le cardinal de Sega que le pape ordonne de presser le recrutement de trois mille

fantassins et de deux cents cavaliers, pour les mettre à la disposition du duc de Parme lorsqu'il aura ses forces réunies en ordre de campagne.

Ibidem, f. 61. — Minute.

44. Rome, 18 juillet 1592. Bertinoro rapporte au cardinal de Sega qu'on a arrêté à Bologne un nommé Pierre Alexandre, lequel se rendait au service de Henri de Navarre, et qu'on lui a surpris certains secrets.

Ibidem, f. 62. — Minute.

45. Rome, 21 juillet 1592. Bertinoro informe le cardinal de Sega, dans un post-scriptum chiffré, qu'en réponse à sa proposition du 17 juin, de prendre à la solde de nouvelles troupes à l'aide des 15,000 écus mensuellement fournis par le pape, à l'effet d'appuyer les États des provinces et de promouvoir la réunion des États généraux appelés à élire un roi, le Saint-Père a répondu qu'il fallait demander l'avis du duc de Parme et du duc de Mayenne.

Ibidem, f. 62'. — Minute.

46. Rome, 22 juillet 1592. Bertinoro informe Matteucci que Malvasia n'accepte pas de le remplacer.

Ibidem, f. 95. — Minute.

47. Rome, 25 juillet 1592. Bertinoro au cardinal de Sega. À ce qu'écrit Matteucci, de Bruxelles en date du 22 juin, Henri de Navarre « avoue que le duc de Parme n'a jamais montré plus de valeur et de prudence que dans la retraite de Rouen ». Dans un post-scriptum chiffré, Bertinoro expose au cardinal le vif désir du pape de voir élire un roi en France. Les négociations de la ligue avec Henri de Navarre déplaisent souverainement au Saint-Père et il les interdit. Toutes les écritures et tous les registres du légat étaient tombés aux mains de Biron; Bertinoro lui dit que le pape en est affligé, mais qu'il engage le légat à ne pas s'en désoler.

Ibidem, f. 63. — Minute.

48. Rome, 25 juillet 1592. Bertinoro écrit de nouveau à Matteucci au sujet des troupes pontificales et des dépenses qui les concernent.

Ibidem, f. 94'. — Minute.

49. Rome, 30 juillet 1592. Bertinoro expose au cardinal de Sega que la cour romaine a entendu dire que Henri de Navarre voulait se faire catholique. A Rome, on estime que c'est une manœuvre. Le pape veut qu'on s'en tienne à ce que Bertinoro a écrit, en son nom, au cardinal de Sega dans sa lettre du 25 juillet.

Ibidem, f. 65. — Minute.

50. Rome, 8 août 1592. Bertinoro rapporte au cardinal de Sega qu'on a reçu à Rome de bonnes nouvelles de France. On parle beaucoup moins à Rome du projet de conversion de Henri de Navarre.

Ibidem, f. 66. — Minute.

51. Rome, 15 août 1592. Bertinoro au cardinal de Sega. Il estime que la mort de Biron doit consoler le cardinal de Sega de la perte de ses lettres. Vu la lenteur de l'armée de Farnèse à se former, on augure à Rome qu'on est loin d'une réunion des États généraux pour élire un roi en France.

Ibidem, f. 67. — Minute.

52 Rome, 15 août 1592. Bertinoro à Matteucci. Le duc de Parme ne veut pas retourner en France, s'il n'a pas une armée supérieure à celle des ennemis et des amis. On conçoit à Rome peu d'espoir de voir élire un roi.

Ibidem, f. 98'. — Minute.

53. Rome, 22 août 1592. Bertinoro fait au cardinal de Sega un petit et joli tableau de l'allégresse qui règne à Rome au sujet de la détresse de Henri de Navarre.

Ibidem, f. 67'. — Minute.

54. Rome, 29 août 1592. Bertinoro informe Matteucci que le plan de campagne qu'il a proposé est approuvé.

Ibidem, 99'. — Minute.

55. Rome, 29 août 1592. Bertinoro avertit le cardinal de Sega qu'il doit déclarer à tous et au cardinal de Gondi lui-même que celui-ci ne peut venir à Rome dans le but de négocier au profit de Henri de Navarre.

Ibidem, f. 68'. — Minute.

56. Rome, 5 septembre 1592. Dans un post-scriptum chiffré, Bertinoro déclare au cardinal de Sega qu'il est absolument faux que le pape ait loué le cardinal de Bourbon de ce qu'il prête aide à Henri de Navarre. Il rappelle l'ordre à transmettre au cardinal de Gondi selon ce qu'il a écrit au légat le 29 août.

Ibidem, f. 69'. — Minute.

57. Rome, 5 septembre 1592. Dans un post-scriptum chiffré, Bertinoro expose à Matteucci le but de l'intervention du pape dans les affaires de France. Il ne faut pas favoriser les visées espagnoles, si elles ne sont pas droites.

Ibidem, f. 102. — Minute.

58. Rome, 12 septembre 1592. Dans un post-scriptum chiffré, Bertinoro avertit Matteucci de ne plus payer les troupes jusqu'au temps où le duc de Parme n'aura pas réuni une armée en vue d'amener la réunion des États généraux.

Ibidem, f. 103'. — Minute.

*
* *

En terminant ce rapport, nous ne saurions exprimer assez vivement nos regrets de n'avoir pu décrire ici ni les immenses richesses des archives vaticanes ni le merveilleux mouvement historique dont Rome est aujourd'hui le centre. Nous ne pouvons cependant pas taire une idée qui s'est souvent présentée à notre esprit, lorsqu'aux archives et à la bibliothèque du Vatican, dans les multiples palais de Rome, nous contemplions ces centaines d'historiens religieusement penchés sur les écrits d'un autre âge, pour y recueillir des trésors littéraires destinés à accroître le patrimoine intellectuel de notre époque.

Avec leurs innombrables registres de bulles et de brefs, leurs volumineux papiers de la chambre apostolique, leurs montagneuses correspondances de la secrétairerie d'État et leurs milliers de documents de tous genres, les archives vaticanes offrent à l'activité des historiens une mine incomparable de matériaux; il y a là, pour notre histoire comme pour l'histoire générale, d'intarissables sources. Et à côté se trouve la bibliothèque des papes, ailleurs, dans la même cité, les bibliothèques Barberini, Corsini, Chigi et tant d'autres renfermant d'incalculables richesses; partout aussi le regard rencontre les grandioses monuments ou les imposantes ruines de l'antiquité classique et chrétienne; enfin, dans toutes les grandes villes de l'Italie, à Milan, à Venise, à Florence, à Naples, partout on se trouve en présence de vastes archives où l'on peut moissonner à foison pour l'histoire de tous les pays; et il faut dire que le nôtre a une part bien large dans cet héritage des siècles passés.

Pourrions-nous donc le négliger ?

Mais il n'y a pas que des sources à consulter : il y a les idées, les exemples, les conseils de la science à recevoir. Chaque fois que dans l'une ou l'autre des antiques cités de la péninsule l'historien franchit le seuil des archives, il y rencontre toujours quelques savants d'autres pays occupés à interroger les souvenirs d'un autre âge.

C'est à Rome que ce spectacle est frappant. Dans la somptueuse salle de la bibliothèque ou dans le modeste laboratoire des archives du Vatican, nous le disions tantôt, on aperçoit chaque matin des centaines de chercheurs de tous pays; dans les temps de fermeture au Vatican, on les retrouve dans les diverses bibliothèques de la ville, aux réunions de quelque société savante; on les rencontre sur toutes les routes qui mènent à un monument du passé, à un dépôt littéraire, à une joûte historique. Les uns ont blanchi dans les travaux et jouissent d'une réputation mondiale. C'est leur exemple, ce sont leurs conseils qui animent le mouvement intellectuel. D'autres sont à leurs débuts et viennent au contact d'illustres devanciers accroître la vie scientifique qu'ils ont reçue dans les diverses universités de l'Europe.

On peut le dire sans exagération, Rome est devenue la métropole, la capitale des études historiques.

Quelle utilité donc n'y aurait-il pas pour notre pays à y députer quelques-uns des siens? Il y a là non seulement matière à des travaux considérables; il y a là un milieu scientifique éminemment salutaire au jeune historien qui, tout en s'adonnant au travail personnel, désire se préparer soit aux fonctions d'archiviste soit à la carrière professorale dans l'enseignement supérieur.

La Belgique ne peut donc rester étrangère à ce mouvement international. Il y va de ses intérêts les plus chers.

A toutes les époques de son histoire, elle s'est distinguée dans le domaine des études historiques. Au sortir de l'âge barbare, c'est l'école de Liège qui prend une importance capitale en Europe; plus tard, c'est l'Université de Louvain. Depuis le rétablissement de notre indépendance, de nombreux efforts, encouragés par le Gouvernement, ont attesté notre désir de maintenir et de développer ces glorieuses traditions. C'est avec une admiration sincère que l'étranger parle de nos illustrations nationales, telles que Gachard et Kervyn de Lettenhove, pour ne citer que des défunts.

Cependant, en ce qui regarde l'éducation historique de la jeunesse, la Belgique a-t-elle marché dans les voies du progrès à l'égal de la France et de l'Allemagne?

Longtemps, se sont élevées des plaintes énergiques sur l'organisation de notre enseignement (1).

A cet égard de sérieux progrès ont été récemment réalisés. Dans nos quatre universités, à Liège en 1874, à Bruxelles en 1877, à Gand en 1882, à Louvain en 1885, sur l'initiative de professeurs dévoués ou à la demande même des élèves, des cours pratiques d'histoire ont été créés à l'instar des séminaires historiques d'Allemagne et des conférences d'histoire de France. Depuis, la loi de 1890 sur l'enseignement supérieur, en établissant le doctorat spécial en histoire, a officiellement consacré l'existence de ces cours et même en a provoqué l'augmentation. C'est là un bien immense.

---

(1) En 1883, M. P. Fredericq, professeur à l'Université de Gand, disait : « Nous n'avons, à nos cours d'histoire que des auditeurs passifs. Aucun d'entre eux ne peut se dire l'élève d'un professeur d'élite, parce qu'il a suivi son cours, pas plus qu'on ne se dit l'élève de Rubinstein ou de Listz pour les avoir entendus dans des concerts.

Nous nous bornons un peu trop à donner des concerts aux étudiants de notre faculté. La musique que nous leur faisons n'est pas même toujours très savante, puisque, grâce à notre détestable loi sur l'enseignement supérieur, la plupart de nos cours ne sont que des résumés élémentaires; de sorte qu'il est arrivé quelquefois que tel manuel imprimé, que tout le monde pouvait se procurer en librairie, valait mieux que tel cours, laborieusement professé. » — *L'histoire aux universités belges, Introduction aux travaux du cours pratique d'histoire nationale, à l'Université de Liège*, p. XLIV.

Certes, la nouvelle loi prête flanc à la critique. On peut lui reprocher d'avoir laissé en candidature d'interminables cours théoriques dont la place serait beaucoup mieux dans les classes supérieures d'humanités fortement réorganisées. On pourrait peut-être lui reprocher aussi de n'avoir pas admis le principe de la concurrence scientifique (1). Mais il faut le dire avec le jury pour le dernier concours quinquennal d'histoire nationale, l'organisation des cours pratiques est une « heureuse innovation... Il n'est peut-être pas exagéré de dire qu'il s'accomplit en cette matière une véritable renaissance (2) ». Les savants de l'étranger d'ailleurs se sont plu également à constater ces heureux résultats (3).

C'est un progrès. Ce n'est pas tout. Aux jeunes docteurs qui ont révélé des aptitudes marquées pour les travaux historiques, il faut leur permettre de les développer; il faut leur fournir le moyen d'agrandir leur fonds de connais-

---

(1) Voici ce qu'écrivait, en 1885, M. Fredericq, pp. XLII et suivantes de l'ouvrage cité : « Chez nous, chaque chaire constitue pour le professeur un monopole à vie. En dehors de cas exceptionnels et extrêmement rares, toute concurrence scientifique est impossible. C'est ce qui fait que lorsqu'un professeur belge est incapable, la matière qu'il enseigne reste en souffrance pendant une vingtaine d'années, en moyenne; et l'on voit les générations d'étudiants se succéder au pied de sa chaire, rebutées, énervées, obligées qu'elles sont non seulement de suivre un cours insuffisant, mais encore de l'apprendre par cœur pour l'examen. »

(2) *Concours quinquennal d'histoire nationale.* (Neuvième période : 1886-1890.) — Rapport du jury à M. le Ministre de l'Intérieur et de l'Instruction publique, dans le *Moniteur belge* du 25 août 1891.

(3) M. Prou, ancien membre de l'École française de Rome, écrivait naguère dans la *Bibliothèque de l'École des chartes* : « Si l'histoire a toujours été cultivée en Belgique, jamais elle ne l'a été avec une méthode aussi scientifique que depuis la création des cours pratiques dans les universités. »

sances, de se perfectionner le sens critique, si l'on veut que leur talent porte tous ses fruits et pour eux-mêmes et pour la patrie, si l'on veut former avec eux des historiens parmi lesquels il soit facile de recruter pour nos archives et pour le haut enseignement un personnel d'élite.

Or, nous n'avons aucune école où l'on puisse dire qu'il se donne une éducation complète aux futurs archivistes; l'organisation des études universitaires ne suffit pas non plus à la parfaite formation des professeurs d'histoire du degré supérieur. Voilà pourquoi une excursion scientifique à l'étranger demeure toujours le complément indispensable des études universitaires. Le législateur lui-même l'a compris, puisque des bourses de voyage sont affectées au doctorat en sciences historiques.

A ce point de vue, un voyage en Allemagne, un séjour à Paris est éminemment utile. Il y a cependant un incontestable avantage à se rendre en Italie. Outre qu'il est aisé de s'arrêter à l'aller et au retour à Paris et en Allemagne, Rome fournit une matière inépuisable aux travaux d'histoire les plus variés, elle offre au débutant une société où il rencontre les maîtres les plus autorisés d'Allemagne, d'Autriche, de France et de Rome même : il peut profiter de leurs lumières, de leurs conseils et de leurs exemples, s'initier à leurs diverses méthodes, compléter à leur contact son éducation scientifique, se préparer aux fonctions d'archiviste, à la carrière professorale.

Voilà un vaste champ ouvert à l'activité de nos jeunes historiens. Il ne faut cependant pas se fier à l'initiative privée. Sans doute, les amis de l'histoire auxquels sourit la fortune, les nouveaux docteurs auxquels échoit l'honneur de conquérir une bourse de voyage, peuvent facilement se rendre à Rome. Ces tentatives seront sans doute utiles à leurs auteurs ; mais faute de ressources, faute d'organisation, elles resteront isolées, elles ne sauront pas exercer une influence progressive et constante sur l'ensemble des études historiques de notre pays. Si l'on veut qu'il y ait de l'unité dans le choix des travaux, de la suite dans leur exécution, si l'on veut que le débutant puisse s'orienter aisément dans la multiplicité des dépôts littéraires, lier connaissance avec des savants dont les lumières lui seront précieuses, suivre avec fruit l'ensemble du mouvement historique, il faut qu'à son arrivée il trouve un milieu national, des aînés pour guider et faciliter sa marche, il faut qu'il y ait à Rome une station belge.

A cet égard, on peut proposer à la Belgique l'exemple de la France, de l'Allemagne et de l'Autriche. Ces pays, on le sait, ont une autre richesse d'enseignement que nous, et cependant leurs gouvernements ont tenu à honneur de fonder à Rome des écoles et des instituts historiques. C'est là que, sous la direction de savants dévoués, M. Geffroy pour la France, M. Quidde pour l'Allemagne, M. Sickel pour l'Autriche, les lauréats de l'enseignement supérieur viennent parfaire leur éducation scientifique; c'est là que se préparent d'importantes publications, dont plusieurs ont fondé la réputation de leurs auteurs et accru la renommée scientifique de leurs patries ; c'est là que se forment des savants qui, de retour chez eux, donnent une impulsion puissante et continue soit à l'enseignement des universités, soit aux travaux des archives, soit aux productions des sociétés.

Nous avons le ferme espoir que notre pays ne restera pas à l'arrière de ces nations. Une institution analogue pour les Belges produirait les mêmes fruits : le patrimoine de nos archives s'enrichirait notablement; Rome deviendrait une pépinière d'historiens de choix, où se recruterait le personnel de notre enseignement supérieur, de nos archives et de nos bibliothèques; il y aurait un puissant accroissement de notre vitalité et de notre renom scientifiques.

Qu'il nous soit donc permis, Monsieur le Ministre, de proposer ici la création d'une *École belge* à Rome.

Et si l'on nous demande l'économie de ce projet, voici quelle pourrait être, dans ses grandes lignes, l'organisation de cette école :

Elle se composerait de quatre membres recrutés dans les quatre universités du pays; à cet effet, tous les deux ans, chacune de ces institutions désignerait l'un de ses docteurs en sciences historiques. Ou bien chaque année, un jury composé des membres de la Commission royale d'histoire et de quatre professeurs choisis respectivement dans nos quatre universités, proposerait, d'après le mérite de leur dissertation finale, deux docteurs en sciences historiques.

Il y aurait à la tête de cette école un secrétaire désigné par le Gouvernement.

Les membres devraient séjourner deux années au moins en Italie, pour y traiter un sujet de leur choix, mais approuvé par le secrétaire de l'école et par la Commission royale d'histoire.

A la fin de chaque année, le secrétaire adresserait un rapport général à la Commission royale d'histoire.

Le travail d'un membre achevé, il serait soumis à la Commission royale et, en cas d'approbation, imprimé soit dans les *Mémoires* in-4°, soit dans les publications in-8° de ce corps savant.

Ce ne sont que des indications générales, susceptibles de bien des modifications, car peu importent les détails. Mais que l'idée triomphe, que la Belgique ait son école à Rome, et bientôt d'importantes publications viendront accroître considérablement son patrimoine intellectuel, une vie nouvelle circulera dans notre enseignement et se répandra dans toutes les sphères de notre activité historique, notre pays pourra s'honorer de posséder une institution qui, tout en développant à l'intérieur sa vitalité scientifique, lui méritera au dehors les éloges du monde savant : le Gouvernement aura bien mérité de la science et de la patrie.

APPENDICES.

I.

Lettres de Martin V concernant le mariage de Jacqueline de Bavière avec Jean IV, duc de Brabant; l'union de cette princesse avec Humfroi, duc de Glocester, et le duel de celui-ci avec Philippe le Bon, duc de Bourgogne.

1.

Constance, 5 janvier 1418.

MARTIN V A L'ARCHEVÊQUE DE COLOGNE ET AUX ÉVÊQUES D'UTRECHT ET DE LIÈGE.

Martinus, etc. Venerabilibus fratribus archiepiscopo Coloniensi et episcopo Traiectensi ac dilecto filio electo Leodiensi salutem, etc. Hodie siquidem ex certis bonis respectibus ac rationabilibus causis ad id animum nostrum moventibus, quandam dispensationem dilecto filio nobili viro Johanni, Brabancie et Leinburge duci, et dilecte in Christo filie nobili mulieri Jacobe, in Bavaria ducisse necnon Hannonie, Hollandie et Zellandie comitisse, secundo consanguinitatis et tercio affinitatis gradibus se actingentibus, de matrimonio inter eos libere contrahendo per nos ad ipsorum importunam instanciam, sub data XI kalendas ianuarii concessam revocavimus et anullavimus, prout in aliis nostris litteris, quarum tenor sequitur et est talis, plenius continetur :

Martinus episcopus servus servorum Dei. Ad futuram rei memoriam. Romanus pontifex cum naturam sorciatur humanam variis plerumque supplicantium presertim illustrium, etc.

Nos igitur cupientes litteras ipsas et omnia in eis contenta debitum sortiri effectum, iuxta ipsarum seriem et tenorem Discretioni Vestre per apostolica scripta mandamus, quatinus vos, vel duo, aut unus vestrum, per vos, vel alium, seu alios, huiusmodi dispensacionis Johanni et Jacobe prefatis per nos dudum, ut prefertur, concesse revocationem, irritationem, annullationem et decretum predicta, tam in civitatibus et diocesibus vestris quam aliis locis circumvicinis et congruis, de quibus vobis videbitur et ad ducem et ducissam prefatos possit ipsorum notitia verisimiliter pervenire, auctoritate nostra publicetis et nunciari publice faciatis, quantum in vobis est, iuxta ipsarum litterarum seriem ac tenorem, ac faciatis, quantum in vobis est, huiusmodi revocatarias litteras inviolabiliter observari; non obstantibus omnibus supradictis, seu si eisdem duci et ducisse vel quibusvis aliis comuniter vel divisim ab apostolica sit sede indultum, quod interdici, suspendi vel excomunicari non possit per litteras apostolicas non facientes plenam et expressam ac de verbo ad verbum de indulto huiusmodi mentionem, contradictores per censuram ecclesiasticam appellatione postposita compescendo. Datum Constantie nonis ianuarii, pontificatus nostri anno primo.

Collata per me Corduerii.

Reg. Vat., t. CCCLII, f. 23 — Bulle exécutoire de celle du même jour qui révoquait la dispense de mariage accordée, le 23 décembre précédent, à Jean IV, duc de Brabant, et à Jacqueline de Bavière, comtesse de Hainaut et de Hollande.

2.

Bref de Martin V a Humfroi, duc de Glocester.

Martinus, etc. Dilecto filio Humfrido, duci Gloucestrie salutem, etc. Veniens ad nos ex parte Excellentie Tue dilectus filius Joannes Sytton, cubicularius noster et fidelis tuus servitor, dixit inter cetera te paulum conqueri de nobis pro causa illa matrimoniali que versatur in curia, velut qui non daremus illi materie celèrem expeditionem, et ejus protelationis culpa in nos esset; huius opinionis tue causam dixit fuisse quendam ex nostris nuntiis, qui tibi retulit nos dixisse sibi quod satis liquide cognosceremus te iustitie partes favere et ius pro te esse, de quibus quidem verbis satis admirati sumus atque etiam pro rei indignitate paulum commoti.

Licet enim hec alias audierimus ac tibi exinde paucis verbis responderimus, tamen nunc magis ea preponderantes, doluimus temeritatem illius tantam fuisse, ut contra nos auderet obloqui tam manifeste. Nam quomodo poteramus ita aperte de tanta tamque implicata re tam subito iudicare, cum ea parum discussa esset, et altera pars multis rationibus ius pro se esse asseveraret? Difficile tunc fuisset in tam gravi materia, tam dubia, non solum ita clare diudicare rei veritatem, sed vel cognoscere partium opiniones; neque sumus ita repentini ut, partibus inauditis, causa incognita, materia indigesta, tam celeriter, tam aperte, ut ille refert, sententiam dicamus indubiam. Sed radix omnium malorum cupiditas est : ea virum hunc induxit, ut tibi blandiretur ad commoditatem suam. Etenim, more assentatoris, quod pessimum genus est hominum, non cogitavit quid diceretur, dummodo ea que diceret, placendo tibi essent sibi profutura; nam, studio utilitatis consequende tibi querens adulari, quod auribus tuis placere credidit, enarravit. Quidam secularium philosophorum pauper, cum hortaretur a quodam, ut regi adulari vellet, et ex hoc multas divitias cum diceret habiturum : « malo, inquit philosophice et sapienter, vesci oleribus quam principi adulari ». Hic autem noster, ne olera manducet, artem suscepit adulandi, quam tamen sentiet parum sibi profuturam. Tu autem, fili, purga mentem tuam hac qua te ille imbuit opinione, neque credas nos unquam talibus verbis usos, qualia ille mendaciter finxit. Meminimus, cum collector nobis referret se habere consilia multorum qui tenerent primum matrimonium fuisse nullum, ac pro tua parte sentirent, nos valde gavisos fuisse ac dixisse summe placere nobis, cupientes ita esse ut dicebat ob respectum tuum. Si collector ea que optabamus, prout optamus, nos dixisse affirmat, omnino abest a veritate; in ista autem causa, prout testes sunt nobis omnes tui, semper adhibuimus favores quos potuimus, personam quoque tuam, quem acceptissimi filii loco habemus, propter tuam in nos devotionem, complectimur caritate precipua atque in omnibus rebus ad te spectantibus tales nos prebuimus, ut tua dilectio habeat de nobis merito contentari. Ceterum prefatum Joannem Sytton et negocia eius, quem propter virtutem suam merito diligimus quemque cognovimus verbo et opere deditum et fid(el)em tibi, Magnificentie Tue plurimum recommendamus. Datum Romae, etc.

Archives vaticanes, armario XXXIX, v. V, pars 2, f. 36′.

3.

Bref de Martin V a. . . . .

Martinus, etc. Venerabilis frater et dilecte fili, salutem etc. Quotidie refertur nobis ab iis qui ex Anglia veniunt ad curiam, dilectum filium nobilem virum Humfridum, ducem Gloucestrie, mirari et queri de nobis, quod causa ista matrimonialis non perducatur ad finem optatum, cuius rei culpam tribuit nobis. Nam cum alter vestrum dixerit ei, neque ei solum, sed in publico consilio, nos dixisse sibi, quod bene cognoscebamus, ut terminis suis utamur, ipsum ducem habere iustitiam, conqueritur, cum ita dixerimus, causam hanc tandiu pendere indecisam; neque iniuria videtur queri, si nos, scientes cognoscentesque iustitiam, non ministramus eam; et quidem vellemus ius suum ita in liquido esse, ut possemus, prout cupimus, satisfacere voluntati sue: hoc optavimus atque in diem optamus, ut sit pro ea iustitia. Sed qui retulit id nos affirmasse, falso locutus est : hoc alias scripsimus vobis, dolentes de illo, quod tam impudenter mentiebatur. Nunc autem magis angimur, quo magis aures nostre huiusmodi sermonibus pulsantur. Viderit qui id dixit, an fideliter et ex officio suo fecerit uti talibus verbis, qualia nunquam audivit a nobis; certe magis ad commodum suum respexit adulando principi, quam ad fidem suam aut honorem nostrum. Si quis alius talia dixisset, debuisset ea refellere pro debito honoris nostri. At ipse caput est ad illum oppugnandum per mendaciorum confictiones, quod tamen sentiet sibi parum proficere. Retulit nobis alter vestrum, hic presens dum erat, se habere consilia multorum sub sigillis, qui omnes assererent iustitiam pro parte ducis esse, et id liquido constare ex eorum verbis et rationibus : respondimus id summe nobis placere si esset ita, sed an ita sit ut ille retulit, interroget aliam partem que asserit totum contrarium. Est proverbium antiquum : qui computat sine hospite bis computat, et ultimo peius. Nos vero, quantum potuimus, favimus cause ducis atque ita faciemus in futurum; ille autem qui talia confinxit, faciet recte, si illa conficta a se dicat, prout sunt, et non dicta a nobis. Datum Romae, etc.

Ibidem, f. 33'.

4.

Rome, 1er mai 1425.

Bref de Martin V a Philippe le Bon, duc de Bourgogne.

Martinus, etc. Dilecto filio nobili Philippo duci Burgundiae salutem, etc. Magno cum animi nostri dolore nuper audivimus, quod inter te et nobilem virum Hunfridum, ducem Glocestrie, exorta dissensione, et sathana instigante, qui post stragem populorum etiam ipsorum principum sanguinem sitit et animas, ad sceleratam conventionem depugnando invicem singulari certamine deventum est, quod detestabile genus pugne omni divino et humano iure damnatum est et fidelibus interdictum; ex quo mirari cogimur et dolere, quod ira, vel ambitio, vel cupiditas honoris humani te et ipsum fecerit immemores legis Domini et salutis anime, qua privatus esset quicumque in tali pugna decederet, et quid prodest homini, si totum mundum lucretur, anime vero sue detrimentum patiatur? Accedit etiam ad iacturam anime, qua nulla potest esse maior, voluntaria quedam corporis et vite proiectio, quam tenemur ad mandatum Dei omni studio conservare. Nec in duello sperari debet honesta defensio honoris et fame, et certa declaratio iustitie et veritatis, pro quibus rebus excecati homines aliquando temerarie huic periculo se obiecerunt; nam sepe compertum est superatum fovere iustitiam, et quomodo existimare potest rectum haberi posse iudicium ex duello, in quo inimicus veritatis diabolus dominatur? Considerandum preterea, fili dilecte, quam horribile et infame spectaculum esset videre duos catholicos principes de regio sanguine procreatos ex levi forsitan contentione verborum, veluti gladiatores gentilitatis quae ignoravit veram religionem et leges Dei, in arena certare.

Nos igitur, qui ex officio summi apostolatus nobis iniuncto tenemur, quantum possumus, saluti animarum providere et pacem fidelium procurare, tantam et tam publicam transgressionem, nobis et ecclesie pudendam, tolerare non volumus nec debemus. Quocirca Nobilitatem Tuam paterno affectu et ardenti charitate rogamus per misericordiam Jesu Christi, qui sanguinem suum dedit ut animam tuam salvaret, non ut sanguinem tuum aut alienum cum iniuria eius effunderes; tibi nihilominus in virtute sancte obedientie stricte precipiendo mandamus sub pena maledictionis eterne et etiam excommunicationis a qua nemo nisi Romanus Pontifex preterquam in mortis articulo et (*sic*) possit absolvere, quatenus a predicto certamine te abstineas nec ad pugnam huiusmodi seu duellum prefatum ducem provoces, nec ab eo, cui similes literas destinamus, provocatus accedas. Alioquin te vel ipsum qui nobis in hoc casu parere neglexerit excommunicatum denuntiari mandabimus in universo populo Christiano. Datum Romae apud Sanctos Apostolos. 1 calend. maii anno 8°.

Arm. XXXIX, v. IV, f. 140, et v. V, f. 171'.

II.

Lettres d'Alexandre VI, concernant les immunités ecclésiastiques dans le duché de Brabant.

1.

Rome, vers le 22 octobre 1492.

Lettre de Martin V a Jean de Hontheim, chancelier de Brabant.

Cancellario Brabancie.

Dilecte fili etc. Crebris tam fisci curie nostre querelis quam aliorum ad nos pervenit testimoniis, quod tu qui iuris et militie gloriaris titulis, tue professionis officio ac anime salute neglectis, scientiam quam tibi arrogas nimis a te repellens, Dei ministros viros ecclesiasticos ad tuum tribunal evocare, de rebus et iuribus quantumvis ecclesiasticis et sacris cognoscere, privilegia personis ecclesiasticis etiam in romana curia residentibus, nec non scholaribus et magistris studii Lovaniensis ab apostolica sede concessa infringere presumis, ut ponas os in celum, nos et romanam curiam in dies mordere ac lacessere non vereris, ac in divina temere ac procaciter superbire, ecclesiasticam quoque iurisdictionem enervare, et causarum illius cognitionem ad nosque devolutionem impedire et perturbare, variisque in catholicorum principum tuorum ignominiam temeritatibus ecclesiam Dei et apostolicam sedem scandalose prosequi non erubescis, dum etiam ipsius ecclesie et ministrorum eius bona et iura talliis et collectis secularibus gravanda et confiscanda et velut prophana distrahenda esse sustines atque discernis in maximum tue ac tibi in ea re adherentium animarum periculum. Quod et si divina iustitia solito gravius ac celeriter plectere solet, in huiusmodi nos tamen humano more mansuetudinem rigori premittentes tuoque errori hac vice paterne miserati, tibi in virtute sancte obedientie et sub interminatione divini iudicii atque excommunicationis late sententie ac perpetue infamie penis districte precipiendo mandamus, quatinus, visis presentibus, processus, sententias et mandata quecunque adversus ecclesiam ecclesiasticasque personas quaslibet ac super illarum rebus et bonis per te facta, lata et concessa ac coram tuo tribunali instituta prorsus casses, annulles et revoces, ac, prout sunt, nulla et invalida declares, et ea omnia in pristinam libertatem restituas et ammodo te ab omnibus huisumodi contineas, de sic commissis et perpetratis delictis penitentiam agendo.

Alioquin postposita mansuetudine intelliges propediem tibi durum esse contra stimulum calcitrare. Datum Rome ut supra (1).

Arm. LIII, t. XVIII, f. 149'.

2.

Rome, vers le 22 octobre 1492.

LETTRE D'ALEXANDRE VI AUX MEMBRES DE LA CHANCELLERIE DE BRABANT.

Dilectis filiis gentibus Cancellarie consilii ducatus Brabancie.

Dilecti filii, salutem etc. Sicut pro certo didicimus, in vestro auditorio apostolice sedis auctoritas in dies vilipenditur, ecclesiastica iurisdictio leditur, divina quoque et humana iura con-

(1) Cette lettre vient dans le manuscrit après celle adressée à Philippe le Beau, que nous donnons sous le n° 5. Celle-ci est datée du 22 octobre 1492.

fundunlur, cum inibi super ecclesiasticis rebus et personis active passiveque passim usurpetur cognitio, inhibeantur ordinarii ecclesie iudices et delegati causarum, devolutiones impediantur ac privilegia ecclesiasticis personis etiam in curia nostra residentibus necnon generali studio Lovaniensi concessa et a plerisque ex vobis iurata cassantur et enervantur, iura, res et bona ministrorum Dei piorumque locorum prophanantur et fisco applicantur, vestris ad hec omnia accedentibus votis atque suffragiis in iniuriam procul dubio Dei altissimi et ecclesie sue sacrosancte : que nos non licet sub dissimulatione pertransire. Quamobrem vos et vestrum quemlibet hortamur, requirimus et monemus, vobisque et cuilibet vestrum in virtute sancte obedientie et sub excommunicationis late sententie pena mandamus, ut, Deo reddentes que Dei sunt, a similibus prorsus abstineatis et que hactenus temere attemptata sunt, mox retractetis et in irritum revocetis vosque illos esse comprobetis qui divinam in se nolint provocare ultionem et ab apostolica sede non mereantur coherceri. Datum ut supra.

Archives vaticanes, arm. LIII, t. XVIII, f. 149; Ms. vatican latin, 3881, f. 305.

3.

Rome, 22 octobre 1492.

LETTRE D'ALEXANDRE VI A PHILIPPE LE BEAU, ARCHIDUC D'AUTRICHE ET DUC DE BOURGOGNE.

Dilecto filio nobili viro Philippo archiduchi Austrie, Burgundie etc., duci Alexander papa VI.

Dilecte fili etc. Auctoritatem sancte apostolice sedis in tuis dominiis et presertim in ducatu Brabancie contemni, libertatem ecclesiasticam tolli, multorum fide dignorum testimonio intelligentes, mirati sumus pariter et doluimus. Nec sane id Nobilitati Tue ascribimus qui per etatem fortasse prospicere non potes quantum ista conscientie honorique tui obsint. Cum tamen tenera etate, optima indole et ingenio, ut audivimus, preditus sis, preceptoris vicem te substituere posse facile credimus. Quare te hortamur in Domino, ut, quo magis rex regum tuum principatum stabiliat, inter cetera tue institutionis precepta id primum esse non negligas, quod Deum colas, Deum timeas et illum in suis ministris venereris, ecclesiastica iura nullo unquam tempore violare permittas, apostolice quoque sedis auctoritatem et Christi vicarii iurisdictionem a tuis subditis dilaniari non sinas. Et si quid in hiis sub Tue Nobilitatis umbra temere commissum fuerit, id mox emendare ac in irritum revocare facias, ne ad culpam tibi imputatur quod, te permittente, in detestabilem traheretur abusum; nam qui secus egerint, non facile reperies quemque ex his prospere regnasse. Sunt tam sacri quam gentilium codices pleni exemplis. Intellige ex tuis aulicis quam felicibus tui progenitores, donec hec observaverunt, claruerint successibus Tu igitur disce iuvenis sic principatum tenere, ut Christo, principi regum terre, qui te fecit principem, quod optamus, placeas, ne tandem cadas sicut unus ex principibus priusquam consenescas. Datum Rome, 22 octobris 1497, anno primo.

Archives vaticanes, arm. LIII, t. XVIII, f. 149; Ms. vatican latin, 5881, f, 303'.

4.

Rome, vers le 22 octobre 1492.

LETTRE D'ALEXANDRE VI A JEAN DE HORNE, ÉVÊQUE DE LIÈGE.

Episcopo Leodiensi.

Venerabilis frater, Salutem etc. Audivimus et quidem invitis auribus, nedum nostram et apostolice sedis iurisdictionem, causarumque cognitionem et ad nos debitam devolutionem, verum etiam universa ecclesiastica iura tam circa personas et Dei ministros quam illorum res et bona in terris et dominiis carissimorum in Christo ac dilectorum filiorum nostrorum Maximiliani, Romanorum regis, et Philippi archiducis, eius nati, variis modis impediri et violari, facientibus id maxime in ducatu Brabantie et procurantibus quibusdam Johanne de Hontem cancellario Brabantie et Ludovico villico Lovaniensi. Quod cum apud nos perveniat in longi(n)co constitutos, te in terris huiusmodi residentem latere non potest. Unde non immerito vehementer miramur, cur vel partes ecclesie non tuearis, vel, si non valeas, id iamdudum nobis non indicaveris; videris enim tacendo huius contagionis ac pestiferi morbi fomenta equo animo tollerare illisque assensum prebere, quibus merito, pro tua erga ecclesiam et sedem predictam obligatione proque principis tui et subditorum eius animarum salute, assiduis exhortationibus obviare deberes. Quocirca Tuam Fraternitatem hortamur et monemus in Domino, tibi nichilominus in virtute sancte obedientie ac sub suspensionis a divinis et ingressus ecclesie penis districte precipiendo mandantes, quatinus in ecclesie defensionem ammodo sic invigiles et debitum officii tui deprehendaris fideliter explevisse, ut apud nos exinde valeas commendari. Nos enim, si opus sit, oportuno auxilio tibi assistemus, nec patiemur ut adversus Christi ecclesiam porte inferi videantur prevalere. Scribimus de hac re ipsi cancellario Brabantie, mandantes sibi sub gravibus penis et censuris, prout in accluso hiis exemplo videbitur, quatinus attentata hactenus per eum contra ecclesiam membraque illius ac nostram et apostolice sedis auctoritatem mox revocet et annullet, et ab huiusmodi temerariis ausibus omnimodo abstineat. Quod si forte non fecerit, tibi sub penis et censuris antedictis mandamus, ut ipsum ac sibi adherentes quoscumque in singulis tuarum civitatis et diocesis ecclesiis et monasteriis penas et censuras huiusmodi incidisse denuncies, et ab omnibus christifidelibus vitandos fore publices, et tandiu publicari ac ab aliis tanquam membra putrida resecari facias, donec et quousque mandatis et iussionibus nostris huiusmodi paruerint cum effectu. Datum ut supra.

Archives vaticanes, arm. LIII, t. XVIII, f. 150; Ms vatican latin, 3881, f. 303.

5.

Rome, vers le 22 octobre 1492.

Lettre d'Alexandre VI aux abbés de Parc et d'Afflighem.

Dilecti filii etc. Quid hoc audimus de vobis, ut, qui circa tribunalia dilectorum filiorum Maximiliani Romanorum regis et Philippi archiducis Austrie in ducatu Brabantie quotidie conversamini et intelligitis inibi nostram et universam ecclesie sancte iurisdictionem atque libertatem prorsus contempni et extingui et certe etiam nonnullos in nos et nostram curiam scandalose latrare et conviciari, ex adverso minime statis, sed nec nobis que contra nos fiunt curatis revelare? Longe quidem hec est ab ea quam iamdudum de vobis concepimus opinione. Volumus igitur et vestrum cuilibet in virtute obediencie et sub excommunicationis pena mandamus, ut, negligentiam vestram accuratiori diligentia castigantes, partes nostras, ymo et vestras et ecclesie universalis studeatis ammodo tam apud dilectum filium nobilem virum Philippum, archiducem Austrie, quam suos aulicos principes, satrapas et consiliarios pro vestra industria constantius sustinere, et illos et reliquos omnes de quibus vobis videbitur, de nostra pro ecclesia intentione facere commonitos. Qua in re auxilio vobis erunt venerabiles fratres Leodiensis et Cameracensis episcopi, si, que illis scribimus, fecerint. Et si ea (quod absit) adimplere neglexerint, vos ipsi omnia et singula in ecclesiis et monasteriis civitatum et diocesum eorum, iuxta brevis nostri, cuius exemplum hiis videbitis acclusum, tenorem, exequi curetis, ipsorum episcoporum aut aliorum quorumcunque licentia minime desuper requisita. Datum Rome ut supra.

Archives vaticanes, arm. LIII, f. 150'; Ms vatican latin, 3881, f. 304.

6.

Rome, vers le 22 octobre 1492.

Lettre d'Alexandre VI a François de Busleyden.

Dilecto filio Francisco de Buysleyden preposito Leodiensi.

Dilecte fili, Salutem, etc. Quia nostra et universa ecclesie Dei auctoritas in terris et dominiis dilecti filii nobilis viri Philippi, archiducis Austrie, vilescat et contempnatur, impediaturque magis in dies et perturbetur ecclesiastica iurisdictio, id, prout credimus, magna in parte filii minor etas et patris facit absentia. Sed miramur cur tu, qui eruditioni tanti principis destinaris, et consiliis suorum procerum et sapientium continue interes, et honoribus gauderis, (vel partes ecclesie non tuearis), aut si non valeas, cur iamdudum nos desuper, ut tenebaris, non fecisti certiores, nostrum in ea re auxilium implorando. Videris enim tacendo huius contagionis ac pestiferi morbi fomenta equo animo tolerare illisque assensum prebere, quibus merito, pro tua erga ecclesiam et sedem predictas obligatione (*etc. ut in superiori episcopo Leodiensi usque*) deberes. Tuum igitur erit ammodo diligentius curare ut, cum tuus princeps pubertati proximus sit ac ingenio bono ac capaci, ut audimus, eum in primis Deum timere doceas et illum in suis ministris honorare, quodque consultum illi sit, si feliciter principari desiderat, gratiam et communionem apostolice sedis habere illiusque iura tueri et ecclesiam Dei debito prosequi honore. Et si veritatem ecclesiastici iuris studiose promoveris, facies ut debes, et nostra te etiam gratia comprobabit rebusque tuis melius consuluisse videbis. Datum Rome ut supra.

Archives vaticanes, arm. LIII, t. XVIII, f. 150'; Ms vatican latin 3881, f. 304.

7.

Rome, 22 octobre 1492.

LETTRE D'ALEXANDRE VI A JEAN CARONDELET, CHANCELIER D'AUTRICHE ET DE BOURGOGNE.

Cancellario Austrie et Burgundie.

Dilecte fili, salutem etc. Audivimus et quidem amaro animo, in terris dilecti filii nobilis viri Philippi, archiducis Austrie, ecclesie sancte iurisdictionem vehementer conturbari et confundi, ita ut negligatur apostolici sedis reverentia, viri ecclesiastici ad laica trahantur tribunalia, et super illorum et ecclesie bonis et rebus passim illic usurpetur cognitio. Quod quantum omni iuri obviet, te qui ecclesiasticum et civilia iura professus es, non credimus ignorare. Unde et cum etiam milicie cingulo glorieris, et in eo loco sub quo ecclesie partes sustinere posses, miramur cur id non facias, ad senium iam vergens et apostolicos favores pro tuis expertus. Te igitur hortamur in Domino, requirimus atque monemus, ut, ecclesie partes consilio et auxilio promovens, illius iurisdictionem et apostolice sedis auctoritatem non offendas, neque per alios principis tui consules et inferiores iudices offendi aut, prout facere ceperunt, dilaniari permittas; sed que hactenus temere sunt attemptata, mature retractes et emendes ac per alios id

9

ipsum fieri sollicite cures. Si enim alienum servum iudicare vetitum sit, nec te aut illos convenit omnipotentis Dei christos tangere, in quos tibi ac ipsis omnis est interdicta potestas. Cave igitur ne Dei in te iram provoces et apostolice sedis indignationem incurras, sed pro tua prudentia hos abusus exterminando, utriusque gratiam cumulate merearis. Datum Rome ut supra.

Archives vaticanes, arm. LIII, t. XVIII, f. 151 ; Ms vatican latin 3881, f. 304'.

8.

Rome, 22 octobre 1492.

Lettre d'Alexandre VI a Albert, duc de Saxe.

Duci Saxonie.

Dilecte fili, salutem etc. Intelligimus te per carissimum in Christo filium nostrum Maximilianum, Romanorum Regem illustrem, ad filii sui tutelam suffectum et ad terrarum illius gubernacula commissum. Cum itaque iamdudum deprehendamus nostram et universalis ecclesie iurisdictionem, adversus morem retro-principum, illic multipliciter vilipendi ac indebite turbari, atque impediri imperialia quoque iura, ymo divina pariter et humana per nonnullos seculares iudices temerari, te qui ex Saxonum ducibus es, quibus augustialis in signum iustitie deferendus competit, hortamur in Domino atque requirimus, ut, quemadmodum confidimus, sic impuberis ducis iura tuearis, ut quod Dei est Deo servetur illesum, et omnium mater ecclesia catholica instructum bonis moribus tuis manibus hunc ducem pugilem suscipiat protectorem. Ejus quoque principatum corroboret et confirmet Deus. Datum etc.

Archives vaticanes, arm. LIII, t. XVIII, f. 151 ; Ms vatican latin 3881, f. 303'.

9.

Rome, 22 octobre 1492.

LETTRE D'ALEXANDRE VI AU COMTE DE NASSAU.

Comiti de Nassonis.

Dilecte fili, salutem etc. Nimium, ut variis ad nos perfertur querelis, ecclesiam Dei et ecclesiasticam sedem persequitur dilectus filius Joannes de Honthem, in ducatu Brabantie cancellarius, ita ut pene nullam apud illam contendat esse iurisdictionem, quando viros ecclesiasticos Christi servos in dies ad suum evocat auditorium, illis tallias, collectas et onera secularia imponenda esse, illorum res et bona fisco temporali applicari posse et debere decernens, causas ecclesiasticas ad nos devolvi prohibens, ac nos curiamque nostram et universum clerum aperte et in occulto mordere et calumniari non erubescat : que cum plerisque aliis huius hominis petulanciis sub dissimulatione, nisi mox resipiscat, pertransire nec debemus nec intendimus. Te igitur hortamur in Domino atque requirimus, ut, cum apud charissimum in Christo filium Maximilianum regem illustrem eiusque natum archiducem inter maiores habearis ac plurimum possis, illorum honori et saluti consulens dictumque cancellarium et sui similes retundens, tuorum progenitorum more ecclesiam Dei venereris nec sinas quoquo pacto, te conscio, ab illa tolli quod suum esse dinoscitur, aut circa id quomodolibet perturbari. Quod faciens rem te dignam efficies tuisque principibus et tibi procul dubio in augmentum proficies prosperitatis maioremque nostram et apostolice sedis gratiam promereberis. Datum Rome ut supra.

Archives vaticanes, arm. LIII, t. XVIII, f. 151'.

10.

Rome, 22 octobre 1492.

LETTRE D'ALEXANDRE VI A JEAN DE BERGHES.

Johanni de Bergis.

Dilecte fili, salutem etc. Non modicum et multimodis docemur querelis : in terris et dominiis dilecti filii nobilis viri Philippi, archiducis Austrie, sancta ecclesia in suis iuribus patitur detrimentum, adiutante ad hoc plurimum dilecto filio Johanne de Hontem, cancellario Brabantie, ac sustinente pertinaciter Dei ministros cum suis rebus a se iudicari atque fisco seculari ex delicto obligari posse et debere. Id in dies decernere atque exequi non veretur, causarum ad nos devolutiones legitimas impediens et universam ecclesie iurisdictionem perturbans, sed nec linguam adversus nos, curiam nostram et omnem clerum temperans. Hortamur te igitur qui inter primos dicti archiducis aulicos haberis illiusque bona magna in parte dispensas, memor bonorum que domus patris tui ab apostolica sede dinoscitur accepisse, maiora si promeruerit acceptura, ut que male hactenus acta sunt, in hac parte corrigas, nec sinas nobilem principem sub tua devotione ab apostolice sedis devotione contra avitos mores aberrare. Datum Rome ut supra.

Archives vaticanes, arm. LIII, f. XVIII, f. 152.

III.

Lettres relatives aux controverses théologiques de Michel De Bay et de Jean de Hessels en 1561.

1.

Trente, 30 juin 1561.

LE CARDINAL H. GONZAGA, ÉVÊQUE DE MANTOUE, ET LE CARDINAL SCRIPANDA, ARCHEVÊQUE DE SALERNE, AU CARDINAL BORROMÉE.

Reverendissimo et Illustrissimo Signore,

Le lettere del vescovo Commendone et le scritture per lui mandateci per lo precedente spaccio, le quali toccano a Vostra Signoria Illustrissima et Reverendissima et che saranno tutte con questa nostra, sono state da noi lette et considerate, et, lasciando di ragionar della differenza della opinione nata fra quei dottori di Lovanio et delli loro articoli et del danno che può apportar alla religione questa loro controversia, essendo aiutata et fomentata così dall' una parte come dall' altra da theologi tenuti dotti et buoni et da Università, poiche dalle dette scritture et lettere si comprende a bastanza il tutto, discorrendone sopra esso Commendone assai, diremo solamente a Vostra Signoria Reverendissima et Illustrissima che a noi non c'è parso sensa prima consultarla con lei di venir all' atto di chiamar qua come da noi quelli due auttori delle controversie, Michele Baio et Giovanni di Hessels, havendo dubitato di dover far errore et dar loro per aventura materia di sospettar di qualche inganno, essendo già stato il Lindano, theologo della medesima Università di Lovanio, chiamato da Nostro

Signore, et non da noi; et tanto maggiormente potrebbono entrare in suspitione, scrivendo il Commendone che già da loro avversari sono stati minacciati di volerli accusare a Roma per heretici. Nè a noi pare che osti a questo nostro dubbio il saper che l'uno et l'altro di loro desideri grandemente di venir et farsi veder in Concilio, potendo molto ben essere che ci venissero volontieri et senza timore alcuno, quando dall' Università loro ci fossero mandati et non chiamati o da Sua Beatitudine o da noi. Questo è punto d'importanza per la consideratione che si deve haver alla natura loro dura per se et facile a scappar via, ed altri rispetti che insieme ne concorrono; et forse, se non si fosse chiamato nè il Lindano nè alcun di loro nominatamente, ma si fosse scritto solo all' Università che mandasse al Concilio quei theologi che le paresse più a proposito, il rimedio sarebbe hora più facile. Tuttavolta dopoi che il Lindano è stato chiamato, diremo, rimettendosi sempre al prudente parere di Vostra Signoria Illustrissima et Reverendissima et alla deliberatione di Sua Santità, che noi saressimo di opinione che Nostro Signore scrivesse un breve tutto amorevole et pieno di lodi alla Università di Lovanio, ove, mostrando poi di haver presentito di alcuni lor dispareri senza dirne quali nè per cagione di cui, imponesse loro colla suprema auttorità sua silentio, con dire che non sono tempi questi di contrastare, ma di essere uniti alla diffentione et sostenimento della vera catholica religione, della quale quella Università è sempre stata una colonna, et finalmente li esshortasse et le commendasse a mandar uno o due delli loro al Concilio ad informar della verità di quelle controversie, quando s'incomincerà a far delle facende, con soggiunger anco che, se alcuno delli interessati volesse venir con esso loro, fosse il ben venuto, che gli si promette che sarà udito volentieri et con ogni carità ricevuto. Questo modo a noi pare più sicuro et più lontano da ogni sospitione et da sperarsene più frutto. Però Vostra Signoria Illustrissima et Reverendissima lo potrà communicare con Sua

Beatitudine et poi darci avviso del suo volere, che tanto faremo quanto da lei si sarà commandato. Alla cui gratia humilmente baciando i piedi ci raccomandiamo.

Au dos : Al Cardinale Borromeo, ultimo di giugno, dei cardinali Mantova et Seripando da Trento.

Lettere di Principi, t. XXII, f. 151. — Copie adressée à Commendon. Elle porte en note : Ricevuta in Lubeca a li 25 di luglio, dal cardinale di Mantova.

2.

Trente, 1er juillet 1561.

LETTRE DU CARDINAL H. GONZAGA A COMMENDONE, NONCE APOSTOLIQUE.

Molto Reverendo Monsignor mio come fratello honorato.

Si sono havute in un istesso giorno le quattro lettere di Vostra Signoria scritte d'Aquisgrana et d'Anversa del 1°, 9, 14 et 15 del passato et insieme con esse tutte le scritture che ha mandate spettanti a quella controversia nata fra li theologi dell' Università di Lovagna; et havendo Monsignor Illustrissimo Seripando et io letto et diligentemente considerato il tutto, nè parendoci che sia da correre a furia a chiamare alcuno qua, massimamente non ci si facendo ancora nulla per non ci essere se non pochi vescovi et niuno ambasciatore di principe, havemo di compagnia preso per risolutione di scrivere a Monsignor Illustrissimo Borromeo quel tanto che Vostra Signoria vederà per la copia della lettera nostra che sara qui inclusa, la quale ho voluto mandarli perchè sappia come havemo intesa la cosa, et come presi i belli et prudenti discorsi suoi. Appresso m'erano venuti in mente alcuni partiti sopra quello che Vostra Signoria haveva discorso di quei theologi, quando pure se ne havesse da chiamare alcuno dalla Santità di Nostro Signore, come s'è fatto il Lindano, senza rimettersi alla Università, secondo che nella lettera nostra si dice a Monsignor Illustrissimo Borromeo; et benche per la poca pratica mia non mi sia assicurato di metterli in consideratione a Sua Signoria Illustrissima, nondimeno, perchè vorrei pure in quel poco ch'io potessi, fare anche io la parte mia, li mando a Vostra Signoria, con pregarla che mi voglia scrivere il parer suo, acciocchè, havendosi a far chiamata alcuna di essi theologi, possa proponere cosa buona et conforme al giudicio di Lei, il quale in ogni cosa stimo assai et molto più in questa nella quale versa tuttavia. Et fratanto di cuore me le offero et raccommando.

Di Trento, il 1° di luglio del LXI.

Mi piaccria assai, se a Vostra Signoria venisse commodo ch'ella intendesse l'opinione di Monsignor Illustrissimo et Reverendissimo di Granvella così intorno alla controversia nata in Lovagna come alla chiamata d'alcuni di loro, et me ne avvertisse, acciocchè tanto meglio Nostro Signore si potesse risolvere quanto havesse il parer di così prudente et pratico signore.

Quì non habbiamo nova alcuna, salvo che questo poco che s'intende dell'armata Turchesca. Mi dole grandemente di non havere con che compensare la fatica di Vostra Signoria; ma di gratia ella mi dia occasione di compensarla con qualche servigio che mi sarà anco più caro etc.

Di Vostra Reverendissima Signoria

AMOREVOLISSIMO FRATELLO
HER. CARD. DI MANTOVA.

Au dos : Al molto Reverendo Monsignore mio come fratello honorato, il Vescovo Commendone, Nuntio Apostolico.

Ibidem, f. 132. — Original.

3.

Trente, 2 juillet 1561.

LETTRE DE H. GONZAGA, CARDINAL DE MANTOUE, A COMMENDONE, NONCE APOSTOLIQUE (1).

Molto Reverendo Monsignor mio come fratello honorato

. . . .

Et mentre che Vostra Signoria starà in Fiandra o in quei paesi di là, (se) le venisse fatto di potermi trovare un giovane che sapesse non solamente parlare, ma scrivere francese et tedesco, et parlare anco italiano per le cose che durante il Concilio mi possono occorrere, haverei molto a caro che me lo mandasse o conducesse solo al suo ritorno. Et acciocchè sappia, lo vorrei giovane, come sarebbe a dire di vinti in vintidue anni, et manco sgarbato che si potesse, perchè vorrei che mi servesse per scudiere, ma havesse pòi quelle lingue da potermene secondo i bisogni, che saranno però rari, prevalere. Sopra tutto vorrei che fosse di buona religione et non havesse punto di luteranesimo. Se Vostra Signoria adunque me ne può trovare uno di queste qualità, io lo piglierò volentieri di man sua, sapendo quanto è discreta et giudiciosa, et lo tratterò come gli altri, dandogli due o tre scudi al mese et ogni anno alcuni drappi da vestire, et appresso ne haverò obligatione a Vostra Signoria, la quale priego che mi perdoni questo impaccio, che di più li do. Confidentemente le mando copia di quei pochi

(1) Nous donnons un extrait de cette lettre, qui n'a cependant pas trait aux controverses de Louvain, pour la raison indiquée *ci-dessus*, page 68, n° 1.

avisi che mi truovo, in ricompensa delli suoi, et con tutto l'animo me le offero et raccommando.

Di Trento, il 2 di luglio del LXI.

Di Vostra Reverendissima Signoria

Amorevolissimo Frattello
Her. Card. di Mantova

Au dos : Al molto Reverendo Monsignor mio come fratello honorato, Monsignor il Vescovo Commendone, Nuntio Apostolico.

Ibidem, f. 133. — Original.

4.

Trente, 31 août 1561.

Lettre de H. Gonzaga, cardinal de Mantoue, a Commendone, nonce apostolique.

Molto Reverendo Monsignor mio come fratello honorato.

. . . .

Di quella controversia di Lovagna non accade che ci pigliamo più fastidio, perchè, havendone io dato conto a Nostro Signore come feci, Sua Beatitudine con un breve suo per mezzo di Monsignor Illustrissimo il Cardinale di Granvela n'impuose silentio, et a Sua Beatitudine lascieremo similmente il carico di chiamare, quando ne sarà il tempo, quei dottori di là che piacerà allei, la quale usa una grandissima diligenza in parlare et ordinare che i prelati d'Italia vengano al Concilio, si che tosto spero che ne haveremo qui gran numero, piacendo a Dio...

Di Trento, il dì ultimo di agosto del LXI.

Di Vostra Reverendissima Signoria

Amorevolissimo fratello
Her. Card. di Mantova.

Ibidem, f. 138. — Original.

IV.

Lettre de Guillaume de Nassau, prince d'Orange, au pape Pie IV.

Bruxelles, février 1564.

Sanctissimo Domino Nostro Pio Quarto Pontifici Maximo.

Beatissime Pater.

Cum literas Sanctitatis Vestræ datas Romæ xxix decembris legerem, Sancte Pater, multum dolui quod Sanctitas Vestra nondum recepisset literas quibus xvii decembris ex Bruxella ad priores Sanctitatis Vestræ literas de mense octobri responderam (1). Sperare enim (poteram) quod ex iis Sanctitas Vestra plene intelligeret me falso deferri apud Sanctitatem Vestram, quasi omitterem ea quæ sunt catholici et orthodoxi principis, cum illa quæ per me acta sunt in principatu meo Auraico in conservanda catholica religione et pace cum vicinis meis (quæ illis literis indicavi potius quam plene descripsi) clarissime contrarium demonstrarent et evincant. Verum, cum nil dubitem quin Sanctitas Vestra eas literas nunc receperit, desinam eorundem repetitione Sanctitati Vestræ molestus esse; solum ad contenta in postremis Sanctitatis Vestrae literis respondebo, idque ordine quo a Sanctitate Vestra proponuntur.

Et primo quod ad dominum de Sancto Urbano attinet, hic, me inscio, primo Auraicum occupavit, et malui eundem ad

(1) Nous n'avons point retrouvé cette lettre. Il en existe une autre, de l'année 1566, de Guillaume de Nassau au pape Pie V, à la bibliothèque des princes Barberini, Ms. XLIII, 181. Voyez nos *Notes sur quelques sources manuscrites de l'histoire belge à Rome*, dans les *Comptes rendus de la Commission royale d'histoire*, 3e sér., t. II.

aliquot menses ibi dimittere, quam cum periculo novorum motuum illinc deturbare. Verum hoc mense februario ex inferiore Germania in Auraicam misi nobilem virum Petrum de Varich, dominum a Grippeusten, et in gubernatorem civitatis et principatus mei Auraici constitui, et eidem in consulem adiunxi virum illustrem, doctorem dominum Paulum ab Heust : in quibus, ut spero, nec Sanctitas Vestra verae religionis zelum, nec subditi mei cuiuscunque status iusticiam et integritatem desiderabunt. Nisi enim me mea fallit opinio et expectatio quam ex praecedenti eorum vita de ipsis concepi, ea est uterque virtute praeditus et eo ardore erga orthodoxam et catholicam religionem, ut nihil praetermissuri sint eorum quae temporum malitia patietur constitui et fieri ad catholicam religionem et veteres ecclesiae ritus revocandos et restituendos. Simul etiam novo edicto cavi et iussi omnes esteros et vagabundos, qui aliunde in Auraicam confugerant, egredi, et in posterum eis introitum praeclusi.

Quod attinet ad consilium Auraicum, quod Sanctitas Vestra in suis literis totum hereticum esse affirmat cum advocato et procuratore meo, sane miror plurimum quis haec Sanctitati Vestrae suggesserit. Nam post diligentissimam inquisitionem de fide et moribus singulorum consilium concordi omnium testimonio inveni Emar Bisson et Petrum Psaulnier semper in catholica religione perstitisse et hodie perstare, et quamvis quidam non sint veriti male loqui de Dionisio Bellufen, advocato et procuratore meo, tamen ille in Brabantia existens professus est catholicam et orthodoxam religionem. Alii qui prius mihi a consiliis fuerant et delapsi sunt in errores Hugonottorum, alio commigrarunt; solus Ioannes Iulianus se profitens religionis Hugonotorum Auraicae adhuc heret. Dedi autem negocium supradicto domino de Varych et eius collegae inspiciendi viros probatae fidei et vitae, quos consules et magistratus constituam; tantisper autem, dum illorum responsum expecto, non video quo modo quicquam innovare possim aut debeam.

Scribit Sanctitas Vestra episcopum et ecclesiasticos inde fugatos esse aut certe metu abesse. Certe ego episcopum, in mense decembri anno 1561 et interea saepius, cum omnia adhuc satis integra essent in principatu meo Auraico, saepius per literas et etiam per meos officiales monui et oravi, ut in quadragesima et maiore anni parte principalem suam residentiam haberet in civitate Auraica et ageret ea quae episcopi sunt; verum hactenus ne tantum ab eo impetrare potui, ut semel civitatem Auraicam ingrederetur, imitatus in hoc praedecessores suos.

Ecclesiasticos reliquos abesse et divina cessare officia me cruciat plurimum. Verum etiam hos per literas ad reditum monui, et quaecunque ad eorum securitatem necessaria putavi, constitui; verum illi hactenus, sive ex metu quem praetexunt, sive ex exiguo affectu et amore erga divinum cultum, sese absentarunt.

In mense aprili anno 1562 post Pascha, ecclesiasticis similem metum praetexentibus, gubernator Auraicus, dominus de Causans, et praefectus nostri stabuli, Alexander de La Tour, ut eis hunc metum adimerent, comitati aliquot militibus catholicorum; et vix tamen ullum ecclesiasticum vel minis eo adigere potuerunt, ut sacrificium perageret. Spero tamen quod gratia Spiritus Sancti tepentia illorum corda excitabit, et quod praesens gubernator de Varych curabit auferre omnem causam et occasionem metus, si quae antea fuere, et nedum securitatem eis praestabit iuxta veteres ecclesiae Romanae ritus divina officia celebrandi, verum etiam ad id faciendum eos incitabit et impellet.

Quod autem ad ecclesiasticorum bona attinet, ea in manum et protectionem meam sumpsi, ut magis salva essent ipsis ecclesiasticis. Et cum advertissem quosdam ex ecclesiasticis Hugonotorum errores palam profiteri, quosdam vero nomine tenus ecclesiasticos recusare explere officium propter quod fructus sunt relicti, constitui, ut per meum advocatum ecclesiasticis officia explentibus distribuerentur congruae et solitae portiones, quo utrisque praecideretur ansa aliquam partem ex ecclesiasticis bonis sibi vendicandi; verum, novato etiam ea in parte priori edicto, constitui inter alia, ut decimæ et omnes redditus solvantur eisdem et ad eandem formam et rationem, qua solvebantur ante exortos hos motus et tumultus.

Sanctissime Pater, quamvis arbitrer me docere posse quod plurima falsa suggesta sint Sanctitati Vestræ, et jus et ratio dictent in omnibus audiendam esse alteram partem antequam quicquam statuatur aut decernatur, tamen, quia probe agnosco quod Sanctitas Vestra, quicquid in hac causa agit, solum spectat ad Christi honorem et gloriam et ad utilitatem animarum gregis sibi commissi et ad honorem mei nominis, solum orabo Sanctitatem Vestam, ut tantisper differat omne judicium et conatus suos, donec hii quos ex inferiori Germania in Auraicam misi, illuc advenerint et cœperint explere quæ illis mandavi. Hoc si impetro, nil dubito quin Santitas Vestra sese erga me humillimum suum ministrum æquiorem præbebit et ultro agnoscet multa falso delata esse, et ex ipsis operibus in me agnoscet Sanctitas Vestra syncerum erga religionem catholicam animum et summam erga Sanctitatem Vestram et sedem apostolicam observantiam. Atque hic Deum optimum maximum oro, ut Sanctitatem Vestram suæ ecclesiæ diu velit esse incolumen. Datum Bruxellæ, ... februarii anno à Christo nato 1564.

E. Sanctitatis Vestral.

Humillimus et obedientissimus filius

G. a Nassau.

Archives vaticanes, Varia Politicorum, t. LXXXVI, f. 105. — Copie.

V.

Rome, 17 novembre 1568.

Bulle de Pie V décrétant un jubilé pour obtenir la fin des troubles en France et en Flandre.

Jubileum pro rebus Flandriae, anno 1568.

Pius episcopus servus servorum Dei ad futuram rei memoriam.

Gravissima maximaque pericula, in quibus nunc christiana respublica ob excitatos ab hominibus a fide catholica aberrantibus in universa Gallia etiam Belgica armorum tumultus, versatur, iam potius, peccatis populi exigentibus, deflere cogimur quam referre; siquidem in nobilissimis et olim ipsa catholica fide insignibus provinciis amplissimisque regnis permultos, humani generis hoste instigante, detestabiles perniciosasque opiniones secutos, a Romana ecclesia, que Christifidelium omnium mater est et magistra, temere deficientes, ad tantas calamitates et miserias illa redegisse animadvertimus (quod certe magnopere dolentes dicimus), ut modo, illis contractis in unum viribus conspirantes elatis ac ferocibus animis, non solum adversus eum per quem reges regnant et principes dominantur, ejusque sacra atque templa impie insurgere, verum etiam contra eorum reges aperte summa vi rebellare et nefaria eis bella inferre simulque, concitatis ad arma nationibus ac desperatis hominibus, numerosas quoque externorum militum copias audacter comparare et validissimis exercitibus illos invadere atque in magnum discrimen eorum res adducere, cuncta denique ferro, flamma, sacrilegiis cedibus fedare ac devastare in presentia nitantur et moliantur.

Quibus quidem tot tantisque modis et periculis permoti, Nos qui in navicula Petri illius successores et Domini Nostri Jhesu

Christi in terris vicarii, volente Domino, gubernacula tenemus et moderamur, ad officium nostrum pastorale imprimis pertinere existimavimus, ad avertendam iram Dei, qui culpa offenditur et penitentia placatur, conciliandamque eius super nos misericordiam, tuba exhortationis nostre sepe sonum dare, sicut nobis ab eodem Domino per prophetam dictum est : *clama, ne cesses et quasi tuba exulta vocem tuam valde*, cum consentaneum et opportunum esse censuimus, licet particulares ad Deum preces in ecclesiis alme urbis nostre iam antea ad id fieri mandaverimus, etiam ad universales effundendas fideles quoslibet spiritualibus muneribus inducere, ut, multiplicatis intercessoribus, christiani populi, spe divine misericordie adiuti, facilius a presentibus periculis liberentur. Nos namque tum hortando tum monendo gregem dominicum cum qua possumus cura ac solicitudine, ad orationes recitandas, ieiunia celebranda, elemosinas erogandas quibus precipue operibus Dei Optimi Maximi ira mitigari placarique consuevit, libenter invitare solemus atque debemus.

Quare ex parte omnipotentis Dei omnes et singulos utriusque sexus christi fideles, tam in alma Urbe nostra quam in quibuscunque regnis, dominiis, provinciis, civitatibus, oppidis, terris et locis per universum christianum orbem constitutos, auctoritate apostolica paterne enixeque requirimus, monemus et hortamur in Domino, ut ea ebdomade, cum presentes ad eorum notitiam pervenerint, ad Dominum humili et contrito corde convertantur et ad peccatorum suorum confessionem se praeparare studeant et, quacunque die ebdomade huiusmodi quem maluerint, peccata sua confessori ut infra confiteantur, ac quarta et sexta feriis necnon die sabbati eiusdem vel alterius immediate sequentis ebdomade, qui impediti non fuerint, ieiunent, orationes devote recitando, et elemosinas, qui illas dare potuerint, Christi pauperibus iuxta unius cuiusque devotionem erogando, qui vero eas dare nequiverint, in tot orationibus pro defunctorum animabus compensando, demum die dominico sabbatum huiusmodi immediate sequente confessi et contriti sacratissimam Eucharistiam reverenter et devote suscipiant, piasque ad Altissimum preces fundant, ut Dominus Deus Sabaot salutare auxilium de Sancto suo mittere ac provincias et regna predicta propugnatoresque nostros ab ipsis hostibus tueri atque defendere nosque omnes ab imminentibus periculis liberare ac fidem catholicam illic et ubique protegere et conservare pro sua ineffabili pietate dignetur.

Et nihilominus, ut Deum magis propitium reddere valeamus, nos ipsi solemnes indicere supplicationes processionesque, una cum venerabilibus fratribus nostris sancte Romane ecclesie cardinalibus christianorumque regum et principum oratoribus apud nos existentibus, omnibusque prelatis et Romane curie magistratibus, die dominico qui erit vigesimus primus presentis mensis novembris, a basilica Sancti Petri usque ad ecclesiam Sancti Spiritus in Saxia, et deinde die mercurii subsequente, ab eadem basilica Sancti Petri usque ad ecclesiam beate Marie supra Minervam, die vero veneris extunc proxime futuro, ab ipsa basilica Sancti Petri usque ad ecclesiam Sancti Laurentii in Damaso facere, in eisque, concedente Domino, incedere decrevimus.

Ut autem premissa purius et commodius ab ipsis fidelibus fieri possint, de tradita nobis divinitus potestatis plenitudine ecclesiae thesauros, quorum nos in domo Domini, meritis licet insufficientitibus, Dei benignitate et clementia dispensatores effecti sumus, copiose ac benigne aperientes omnibus et singulis Christifidelibus supradictis, ut hac vice tantum confessores presbyteros idoneos, seculares vel cuiusque ordinis regulares ab ordinariis approbatos, eligere, qui, eorum confessionibus diligenter auditis, eos et eorum quemlibet a quibusvis peccatis, criminibus, excessibus et delictis quantumcunque gravibus et enormibus, etiam sedi apostolice reservatis, etiam in bulla quam in die cene Domini quotannis legi solet contentis, necnon a sententiis ac censuris ecclesiasticis et penis quas quomodolibet incurrerint, iniuncta inde eis pro modo culpe penitentia salutari, absolvere, dictis aberrantibus et deficientibus ab eadem fide catholica ac earum fautoribus, receptatoribus et illis credentibus eorumque libros sine auctoritate nostra et sedis apostolice scienter quomodolibet legentibus, aut in domibus suis tenentibus vel imprimentibus, seu quovis modo illos defendentibus ante Officium sanctae inquisitionis sub quocunque pretextu vel colore impedientibus, vel libros damnatos portantibus aut deseminantibus dumtaxat exceptis, ac vota quaecunque per eos emissa, ultramarino, castitatis et religionis votis dumtaxat exceptis, in alia pietatis opera commutare valeant, dicta auctoritate apostolica per praesentes concedimus pariter et indulgemus. Preterea nos eisdem Christifidelibus qui predicta omnia adimpleverint aut, si qui morbo vel aliquo impedimento detenti premissa seu eorum aliqua facere nequiverint, illa in alia pia opera arbitrio suorum confessorum commutari possint, quibus super hoc facultatem impartimur, necnon iis qui in itinere fuerint, si, cum primum iter perfecerint, similiter ut prefertur praemissa adimpleverint, de eiusdem omnipotentis Dei misericordia ac beatorum Petri et Pauli apostolorum eius auctoritate confisi, plenissimam et eam quae christifidelibus ecclesias eiusdem Urbis et extra eam ad id statutas anno Jubilei visitantibus concessa est, indulgentiam et omnium peccatorum suorum remissionem, dicta auctoritate, tenore presentium, supradictis omnibus misericorditer in Domino concedimus et elargimur;

Districtius precipientes universis venerabilibus fratribus nostris patriarchis, archiepiscopis, episcopis et quibusvis aliis ecclesiarum prelatis et locorum ordinariis, ut statim, cum presentes litteras seu earum transumptum etiam impressum ad eos referri contigerit, diebus supra nominatis ab ipsis statuendis, solemnes supplicationes ac processiones juxta locorum opportunitatem respective ad effectum premissorum indicant et celebrent, ipsasque presentes seu earum transumptum huiusmodi per suas provincias, civitates et dioceses sine ulla fraude aut lucro publicent et per ecclesiarum parochos seu rectores publicari faciant; declarantes insuper tam presentes quam alias quascunque super concessione similium vel dissimilium indulgentiarum a nobis et predecessoribus nostris hactenus emanatas et in futurum quomodolibet emanandas litteras christifidelibus ipsis iuxta huius nostre declarationis formam et tenorem tantum et non aliter nec alio modo uti aut eis se iuvare quoquo modo potuisse aut posse, quinimo eos in illas postmodum reincidisse et in futurum reincidere debere, sicque ab omnibus quavis auctoritate fungentibus censeri et iudicari debere irritumque et inane quicquid secus a quoquam quovis pretextu aut colore scienter vel ignoranter attemptatum forsan est hactenus vel imposterum contigerit attemptari; non obstantibus quibusvis constitutionibus et ordinationibus apostolicis ceterisque contrariis quibuscunque.

Volumus etiam, ut, repetitis sepe ac sepius devotis orationibus, misericors et miserator Dominus ad respiciendam plebem suam eamque exaudiendam propensior reddatur, quod in quibuslibet ecclesiis patriarchalibus, metropolitanis, cathedralibus et collegiatis, secularibus et regularibus ac claustralibus, singulis diebus, ante altare maius quarumlibet ecclesiarum huiusmodi, ante vel post missarum solemnia, letanie cum precibus illis adiunctis ab earundem ecclesiarum personis ad implorandam facilius Dei pro premissis misericordiam devote decantentur; diebus vero dominicis vel aliis de precepto ecclesie feriatis, ultra ipsarum letaniarum decantationem, etiam processiones circa easdem ecclesias vel earum ambitum et claustra, durantibus periculis predictis, fieri omnino debeant; quodque omnes et singule alie persone ecclesiastice tam seculares quam regulares dictas letanias cum eisdem precibus quolibet die, ad evertenda pericula huiusmodi, si quas ecclesias habeant et in eis resideant, in earum ecclesiis vel aliis seu suis domibus pariter recitare teneantur; et quod presentium transumptis, etiam impressis, manu notarii publici subscriptis et sigillo alicuius prelati aut persone in dignitate ecclesiastica constitute munitis, eadem prorsus fides adhibeatur que eisdem originalibus litteris adhiberetur, si forent exhibite vel ostense. Nulli ergo omnino hominum liceat hanc paginam nostre concessionis, indulti, elargitionis, precepti, declarationis et voluntatis infringere vel ei ausu temerario contraire. Si quis autem hoc attemptare presumpserit, indignationem omnipotentis Dei ac beatorum Petri et Pauli apostolorum eius se noverit incursurum.

Data Rome apud Sanctum Petrum, anno incarnationis dominice millesimo quingentesimo sexagesimo octavo, quintodecimo kalendas decembris, pontificatus nostri anno tertio.

V. Cae. Gloriebius.

Au dos : Jubileum pro rebus Flandriae anno 1568.

Archives vaticanes, arm. VIII, caps 4, n° 13. — Original sur parchemin avec sceau en plomb.

VI.

Lettres de Fabio Mirto et d'Antonio Maria Salviati, nonces en France.

1.

Paris, 9 juin 1572.

Lettre de Fabio Mirto, évêque de Cajazzo, nonce en France, au pape Grégoire XIII.

Beatissimo Padre.

. . . .

Quei sollevamenti di Fiandra non sono riusciti così grandi come si erano ordinati et come si temè nel principio. Si recuperò Valentiana con fuga et occisione di molti forastieri che vi erano dentro, tutti mal menati da soldati del duca di Alva et da villani del paese.

Resta a ricuperarsi Monts, dove dentro dicono essere il conte Ludovico con altri capi ugonotti di Francia, che, sendoli impedito il potere uscire et il ricever dentro li viveri dalle genti del duca di Alva che li sono attorno bastanti a far questo effetto, insinchè arrivi maggior sforzo di potere espugnare i loco, forse che Dio benedetto harà voluto ridurli a quella preggione per darli il condegno castigo et andar così estinguendo questo mal seme (1)...

Di Parigi, li 9 giugno 1572.

Di Vostra Santità

HUMILISSIMO SERVO

IL VESCOVO DI CAJA(ZZO).

Nunziatura di Francia, t. V, p. 11. — Original.

2.

Paris, 29 juin 1572.

LETTRE DE FABIO MIRTO AU CARDINAL DI COMO.

Illustrissimo et Reverendissimo Signor Padrone mio colendissimo.

Dopoi di haver scritto a 20 in risposta delle lettere di Vostra Signoria Illustrissima dell' ultimo dell' altro et primo di questo, è comparso la sera di 24 Monsignor Salviati, il quale non mi ha voluto far questo favore di smontare a casa mia, che è casa di Nostro Signore, et da lui ho ricevuto con due brevi di Nostro Signore la lettera di Vostra Signoria Illustrissima di 11.

Il dì seguente, si mandò a Lor Maestà per l'audienza, che si hebbe per l'altro, et condûssi detto Monsignore, il quale pre-

(1) Theiner a donné un autre fragment de cette lettre dans ses *Annales ecclesiastici*, t. I, p. 338. Mais il regarde à tort le « cardinal di Como » comme le destinataire de cette lettre. En outre, il indique des feuillets alors que ce manuscrit est numéroté par pages.

sentò i brevi, et insieme parlammo in materia dei tumulti di Fiandra, nelli quali et in tutte le cose pertinenti a stati di re catholico et amicitia con quella corona queste Maestà, conforme a quel che me ne havevan già detto et promesso per prima, ci han confirmato hora di novo a dovere assicurare Nostro Signore della bona mente loro in voler conservare la loro amicitia et alliganza che hanno con Sua Maestà Catholica, et che nel particolare di presenti tumuli elle han fatto così, come faranno sempre, tutte quelle provisioni che sia in poter loro di fare, perchè quelli stati si possan render sicuri dal canto di questo regno, et molte altre parole che dissero amorevoli con quel re et di riverenza con Nostro Signore.

. . . .

Di Parigi, li 29 di giugno 1572.

Di Vostra Signoria Illustrissima et Reverendissima

Humilissimo servitore
Il Vescovo di Cajazzo.

Ibidem, t. V, p. 58. — Original.

3.

Paris, 4 juillet 1572.

Lettre de Fabio Mirto au cardinal Buoncompagno.

Illustrissimo et Reverendissimo Signore Padrone mio colendissimo.

Scrissi a Vostra Signoria Illustrissima con lettere di 29 dell' altro, et già per prima con lettere di 20 havevo scritto a Monsignor Illustrissimo di Como circa il bono animo di queste Maestà di voler perseverare in bona amicitia et unione con re catholico, et qualmente nel particolare di novità di Fiandra havevan fatto publicare in quei luoghi di confini banni penali di beni et di vita prohibendo il transito de genti et arme di questi stati a quelli, promettendo ancho di voler fare tutte altre dimostrationi di bona amicitia et assicuramento di quei paesi per la parte di questo regno.

Appresso mi è parso necessario, per toglier via ogni occasion di male, dover fare un altro officio così da quella come da questa parte, cioè che, vedendosi quì alcune licenze di tristi, che non tutti si possono in questi tempi tener a segno, et intendendosi anche dal canto del signor duca di Alva alcune parole et altre cosette di alteratione riferte a queste Maestà, che forse o che non son vere, o che il sdegno et forse anche la natura del negotio lo possa causare, le quali picciole alterationi procedendo oltre pottrebbeno piau piano andarne apportando delle maggiori, ho pregato quì il signor ambasciatore di Spagna a volerle considerare et avertir che dal canto de ministri di Sua Maestà Catholica con prudenza si usi ancho della pacienza, insino a quella misura che la qualità delle cose et de tempi comporta, facendo maggior stima del bono animo di queste Maestà che non del male de particolari tristi, et haver bona cura di non lassarsi provocare dalle licenze di alcuni tristarelli a qualche disordine di rottura con queste Maestà, che sarebbe fare a ponto quel che questi tristi procurano di metter l'arme in mani a queste due corone, anzi che per mio parere di tutti accidenti si doverebbe dar conto a queste Maestà non altrimente che alla madre et fratello di Sua Mestà Catholica, mostrando di haver molta fede alle lor parole et dimostrationi che fanno di bona amicitia, perchè se l'amicitia è vera, come si deve credere, si deve haver per tale, et se pur fusse simulata, come alcuni van discorrendo, mette ancho conto di simularla, finchè sicuramente si può, et con tener queste Mestà in qualche termine di vereeundia più tosto che farle sfacciate a una scoverta inimicitia et aperta guerra da apportare infiniti mali; et veramente ho ritrovato questo signor ambasciatore sentir questa sorte di pericoloso negotio nel medesmo senso che io ho detto.

Un simile officio ho fatto con queste Maestà, mostrandoli i disordini che potrebbeno succedere dalle licenze di questi tristi et dal voler prestare orecchie alle novelle che van riportando talhor esagerate et talhor false di cose che habbian detto o fatto i ministri di Sua Maestà Catholica, le quali cose tutte, prima di farne impressione, si doverebbeno conferir con l'ambasciatore qui come con ministro di un figlio di essa regina et fratello del re, et con questi amorevoli corrispondenti modi andar obviando alle malignità di tristi et di lor ribelli che cercano di perturbare l'amicitia et unione di questi duo re.

Quest'officio è stato similmente sentito in bonissimo senso da queste Maestà et havendo cominciato il signor ambasciatore di Spagna a dar conto di alcune cose et particolarmente di un certo Monsignor di Gianlis, francese, capo de ugonotti, venuto da Montz in Parigi per tenir vive alcune male pratiche, et pregando esse Maestà ancho a far publicare in Parigi quei medesimi banni che si son publicati nei confini, prohibendo il transito de genti et arme nei Paesi Bassi, Lor Maestà li han fatto assai amorevol parlamento con promissione di far publicare detti banni ancho in Parigi, come han già fatto publicar altri, prohibendo a mercanti et genti del regno di andar a far compere di mercantie et robbe di navilii presi in Zelanda; et spero che con questi modi si possa andar conservando bona unione tra questi due re et obviare che i tristi non habbino adito di andarvi seminando discordie.

Questa madre et figli, per quel che si lasciano intendere, mostrano assai bona voluntà, in la quale bisogna spesso andarli agiutando et confirmando, per impedire che i mali consegli et false rimostranze di tristi, che in questo sono diligentissimi, non li facciano impressione.

Queste Maestà in lor conseglio et contra il parere di alcuni han risoluto di non voler far guerra; si è però tenuto proposito di dover star armate, vedendosi l'arme de vicini in essere per mare et per terra, cosa che ha assai apparenza di conseglio.

prudente, ma io l'ho per conseglio molto pernitioso et che sia un artificio di tirar questo re a fare in due volte quel che non possono indurlo a far in una, cioè di farlo prima armare per nutrire in questo modo il sospetto a esso stesso e ad altri, et poter poi con ogni minima occasione di un picciolo disordine di duo tristarelli che voranno farlo, venire a un disordine grande di una rottura aperta, et quì bisogna da ambe le parti haversi molta prudenza, sopra di che io ho ricordato qualche bono avertimento et non mancarò ricordarne ancho di novo prima di partire...

Di Parigi, li 4 di luglio 1572.

Humilissimo servitore
Il Vesovo di Caja[zzo].

Au dos : All'Illustrissimo et Reverendissimo Signor Padrone mio Colendissimo, Il Signor Cardinale Boncompagno, Roma.

Ibidem, p. 44. — Original.

4.

Paris, 4 juillet 1572.

Lettre de Salviati au cardinal di Como.

Illustrissimo et Reverendissimo Monsignor Padrone mio osservandissimo.

Con questa occasione del gentilhuomo dell' Illustrissimo Borbone che ne viene, do aviso all' Illustrissimo Buoncompagno di quanto mi pare essere a proposito secondo che ella potrà vedere, et alla giornata io andrò di mano in mano continuando sempre cercando di guadagnare alcuna cosa a benefizio publico et sodisfatione di Nostro Signore, quando essendoci il re si terrà il conseglio delli affari et attenderassi qualche poco alle faccende, et per quello potrò, procurerò di giovar a canonici di Avignone, conforme a quello ch' ella commanda nella sua amorevolissima di 16 del passato, benchè con il principe d'Oranges in alcune cose pochissima sia l'auttorità di queste Maestà, facendo egli professione di signore assoluto et non dipendente da altro principe, oltre che si ritra da Monsignor di Gajazzo che in quattro anni debbe havere havuto poca felicità in simili negotii che nuoce assai per la piega già presa.

Furno le sue ricevute et lette con sodisfattione, et saranno di giovamento non poco alle cause che si trattaranno per il padrone, nella cui buona gratia supplico la Signoria Vostra Illustrissima che gli piaccia di conservarmi commandandomi come a sua creatura.

Di Parigi, li iiij di luglio MDLXXII.

Di Vostra Signoria Illustrissima et Reverendissima

AFFETTIONATISSIMO ET HUMILISSIMO SERVITORE
IL VESCOVO SALVIATI.

Au dos : All' Illustrissimo et Reverendissimo Signore Padrone mio osservandissimo, monsignor il Cardinal di Como.

Ibidem, p. 42. — Original.

5.

Paris, 6 juillet 1572.

LETTRE DE SALVIATI AU CARDINAL BUONCOMPAGNO.

Illustrissimo et Reverendissimo Monsignor Padrone mio osservandissimo.

Partendo di qui Monsignor Pontar, huomo del cardinal Borbone, a 4 scrissi alla Signoria Vostra Illustrissima et Reverendissima, facendogli ampla fide della buona dispositione che trovo in queste Maestà alla conservatione della pace con il re catholico, vedendo esser fatte alcune provisioni in luoghi di frontiera non bastanti ad offéndere, ma solo per la diffensione, et intendendosi che i ministri del re di Spagna facevano il medesimo più gagliardamente, et per conto delle piazze del Piamonte, dove andò Monsignor di Belgard, et del marchesato di Saluzzo, governato dal signor Ludovico Biraga, non hanno mandato che provisione di 90ta o 100 mila franchi, havendosi anco nova di speditione di colonnelli fatti dal commandator maggior per 12 mila fanti et grosso numero di cavalli. Ma non gli davo alcuna intentione di sperare che havessino a dover castigare i Franchi che in Fiandra erano calati, non essendo ancora le cose talmente stabilite, che fusse possibile disporre il re al castigo delli ugonotti, come quello che non sarebbe in tal caso senza timore di novi tumulti, che non li vogliono più sentire, il che si conosce tanto chiaramente si no dalli ministri del re di Spagna, che l'ambasciatore quì residente se la passa intorno a ció assai quietamente, se ben l'altro giorno et invano fece instanza che si mettesse prigione Monsignor di Gianlis, che si era trovato alle revolutioni di Fiandra et poi ritornato in corte negotiava pergli ugonotti, et però considerato il tutto, gli parrebbe assai se gli succedesse di far publicar quì in Parigi li medesimi editti che sono stati publicati per il resto del regno contro ai sudditi del re che calano in Fiandra, del che stamane ho havuto promessa certa dalla regina, et in oltre vorrebbe che lo Strozzi disarmasse i navili che si trova haver in ordine con buon numero di gente eletta, et di questo havendo parlato sono stato ascoltato, essendosi appiccata la pratica di sorte che non è da disperarne, et massime considerando che gli animi sono volti alla pace per quello che dicono Loro Maestà, si ritra da tutte le parti et si debbe credere, essendo impossibile che non si facessino, secondo che non si fa, gagliarde provisioni di danari, se si havesse deliberato di far guerra; et solo mi da ombra sapendo che hoggi s'è fatto un conseglio con intervento solo del rè, regina, marescialli di Francia et armiraglio, dove non si può esser trattata cosa a proposito per la pace, et dove, dandosi orecchie all'armiraglio, si porta pericolo che da un hora ad un altra non si venghi a deliberatione precipitosa intorno a che si starà avertito. Et alcune insegne di ugonotti di novo messisi insieme per calare in Fiandra ecci che da speranza che si habbino a contentare, accostati che siano a confini, di rihavere salvo Monsignor di Lanua, genero dell'armiraglio, che andò in ajuto del conte Ludovico, se sarà così, le cui attioni intendesi esser biasimate dal armiraglio, et forsi per non gli esser riuscito di fare maggiori progressi. Et io, con questa occasione, farò di novo instanza che contro delli dissobedienti si proceda per giustitia, parendomi strano quanto ancor facilmente questi ugonotti possino in un tratto armarsi et mettere gran numero di gente insieme.

Par avisi di Fiorenza è sparsa fama, che il duca di Alva ricercasse il gran duca di danari, et non di sicurtà, secondo a me fu detto, nel passare, volendo che l'habbia servito di 500 mila scudi, che non piace punto.

. . . .

Molti ragionano delle provisioni di danari venuti di Spagna al duca di Alva et di 700 mila scudi; ma megliori mi persuado essere gli avisi di coloro che dicono 200 mila, et il rè di Spagna haver fatto partiti con i Genovesi di dui milioni d'oro, et di scudi 400 mila con i Milanesi.

. . . .

Di Parigi, li 6 di luglio 1572.

Affettionatissimo et humillissimo servitore
Il Vescono Salviati.

Au dos : All'Illustrissimo et Reverendissimo Monsignor Padron mio osservandissimo, il signor Cardinal Buoncompagno, per servitio di Nostro Signore,

Roma.

Ibidem, p. 51. — Original.

6.

ADDITION CHIFFRÉE A LA LETTRE DE SALVIATI DU 6 JUILLET 1572 AU CARDINAL BUONCOMPAGNO.

Cifra di Monsignor Salviati

Questi che in tutti li modi vorrebbono guerra, hanno con stratagemma cercato persuadere il re catholico essere tanto male affetto verso il re christianissimo, che, per ruina del regno et mantenimento delle guerre civili, prohibisse che Nostro Signor non dia la dispensa al principe di Navarra, essendo seco di molta autorità, dal che argumentano già che esso re catholico per modi indiretti procuri di nuocere a questo re, perchè debbi egli restare di offenderlo in Fiandra, porgendoseli sì buona occasione, et di più scuopro che . . . . (1) avanti, che è stato deliberato di non mandare il fratello del Reverendissimo Rambolctti a Roma a fare offitio di congratulatione con Nostro Signore et segno di obedienza, et di non scrivergli fintanto che non haveranno risolutione della dispensa, il che in tutti li modi voglio dissimulare di sapere, et andar seguitando di levare la prima impressione, che Sua Santità si governi più a gusto di altri che di se stesso, della sua conscientia et del dovere, in ciò spendendo tutto quello che io ho di credito, havendo sino a questa hora parola dalla regente scrivere a Nostro Signore qual sia la sua intentione et del re Christianissimo circa la pace, et glie l'ho persuaso mostrando che, havendo scritto al Savoia dandogli conto della loro buona intentione, non facendo per lettere sue sapere il medesimo a Sua Santità, che se la farebbe irritare; et con la consumatione del matrimonio con Navarra, potendo non mancarò di operare destramente.

Ibidem, p. 49.

---

(1) Découpures dans le texte.

7.

Paris, 8 juillet 1572.

LETTRE DE SALVIATI AU CARDINAL BUONCOMPAGNO.

Illustrissimo et Reverendissimo Monsignore Padrone mio osservandissimo.

Acciochè questo ordinario di Lione che debbe essere espedito non venga senza mie lettere, non lasciarò di scriver la presente che servira almanco per dargli conto delle scritte sino a questo giorno, havendo cominciato subito che arrivai, et scritto a 26 del passato per via di Lione, a 4 di questo, dando la lettera ad un gentilhuomo del cardinal di Borbone che veniva costà, et a 6 con occasione di un correro espedito a Firenze dall' ambasciatore; et dipoi è stato publicato qui lo editto contro a Franzesi che calano in Fiandra, conforme all' intentione datami dalla Regina, et contro all' opinione dell' ambasciatore di Spagna, che si lamentava de haverne fatto instanza per spatio di cinquanta giorni, non volendo che io ci dovessi haver miglior mano di lui. Così il griffucio del re, nelle cui mani è, fusse stato diligente a portarlo alla stampa, ne mandarei copia alla Signoria Vostra Illustrissima et Reverendissima, havendo in pensiero di mandarla al nuntio di Spagna quanto prima si possa havere.

Su l'aviso che sè fussino di novo messe insieme alcune compagnie di ugonotti per calare in Fiandra, l'ambasciatore di Spagna ha spedito un corriero, et essendo andato da lui et entrato in dimostrargli quanto sia grande la gloria de ministri che tengano i principi in pace, l'ho pregato di non esagerare le cose con lo scrivere et di contentarsi di referir semplicemente quello che gli viene in notitia che possa essere di servitio del suo padrone.

Era una lettera a Nostro Signore nel plico mandato per il corriero di Firenze sotto coperta all' ambasciatore di Francia, di mano della regina, che lo raguagliava della dispositione e: resolutione sua et del re verso la conservatione della pace; et havendo con altre mie scritto alla Signoria Vostra Illustrissima tutto quello che mi è stato possibile di penetrare, dandoli speranza di pace, se ben sempre accompagnandola con un poco di timore, adesso non ardirei dire diversamente, molte essendo le cose che dimostrano doversi haver pace, oltre che sempre s'intende dalle bocche di loro Maestà, et in contrario vedendosi certe pratiche et negotiationi che danno suspetto di una ressolutione subita alla guerra, et in queste angustie entro in pensiero che sarà forse forza di stare per tutta la presente estate per rispetto dell' armi che sono nelle mani delli ugonotti Franzesi, quali il re a mio giuditio non vuole mettere in disperatione, acciochè non se voltassino contro di lui, et forse pensa che gli servino per guardia delle cose sue, se al duca d'Alva venisse in animo a transferirsi a danni del regno, quando si trovera havere messe insieme tante forze, del che da più ombra lui che non farebbe un altro proposto al medesimo governo della Fiandra, per le parole molto altiere che si riferiscono uscirgli di bocca et sino con l'agente del re che vi siede appresso di lui.

. . . .

Di Parigi, li 8 luglio 1572.

Di Vostra Signoria Illustrissima et Reverendissima

AFFETTIONATISSIMO ET HUMILISSIMO SERVITORE
IL VESCOVO SALVIATI.

Au dos : All'Illustrissimo et Reverendissimo Monsignor Padrone mio osservandissimo, il Signor Cardinale Buoncompagno, per Servitio di Nostra Signore,

Roma.

Ibidem, p. 58.

8.

Paris, 16 juillet 1572.

LETTRE DE SALVIATI AU CARDINAL BUONCOMPAGNO.

Illustrissimo et Reverendissimo Monsignor Padrone mio osservandissimo.

Scrivendogli assai lungamente a 6, glie dicevo di haver trattato che si disarmassero i navili che haveva in ordine lo Strozzi per sodisfattione dell'ambasciatore catholico qui residente, et per esser cosa da quietar assai l'animo del re di Spagna et de suoi ministri che dubitano dover haver guerra da questo re; et dipoi per il ritorno di Sua Maestà da passatempi ai negotii, intendendo essersi in conseglio deliberato di mandar Monsignor di Numoriu con ressolutione allo Strozzi che dovesse partir, subito me n'andai da loro Maestà per veder di sapere donde nacesse una ressolutione si contraria all'intentione datami, et dopo lunghi discorsi et raggionamenti che tendevano a volermi dare ad intendere che il tutto si faceva per sicuvezza del re di Spagna et per mostrargli che, impiegandosi sei mila fanti di gente buonissima et 200 cavalli in imprese lontane da suoi stati, non doveva dubitare della mente del re, mi commandarano di assicurar Sua Beatitudine che in modo nessuno si sarebbe dato noia nè alli stati del Re di Spagna nè al re di Portugallo, piutosto lasciandosi chiaramente intendere che accennando che l'armata andarebbe all'acquisto de novi paesi, al che non mancai di soggiungere che, quando il re di Francia volesse anche egli attendere a cercar paesi novi, non lo poteva fare senza ingerirsi nelle cose del re di Spagna et del re di Portugallo che erano stati i primi a penetrare nelle Indie con haver diviso le navigationi et non fu possibile di acquistar cosa alcuna: il che vedendo et essendo con la regina, che con grande instanza in tutti i modi voleva che si porgesse questo fatto al papa come unico remedio per secondare i suoi santi desiderii volti alla pace, mi parse a proposito di domandargli licenza di parlare seco, non come nuntio di Nostro Signore, ma come suo divotissimo servitore, et glie dissi : « Madama, necessariamente debbo credere che a quest'hora la Maestà Vostra habbia nel suo conseglio deliberato o di far guerra al re di Spagna o di vivere in pace seco. Se di vivere in pace, in ogni modo mi parrebbe che, per obligarselo e mostrare al mondo la vostra bontà, haveste a far tutte quelle cose che possano dar sodisfatione a lui et levare al mondo il suspetto già conceputo per il modo di procedere dubbio che havete tenuto, consolando il papa, che non desidera altro che la pace et la grandezza del vostro regno, che sarebbe uno rendervelo tanto amorevole et grato, che della sua autorità potreste interamente disporre. Et quando fusse per il contrario, in modo alcuno vorrei ch'Ella trovasse buono che da me glie se scrivessi nel modo gia impostomi, perchè in tal caso, vedendo egli non esser da voi trattato conformemente con quella confidenza che gli si deve, non so chi si potesse assicurare che non fusse un violentarlo a gettarsi dalla parte contraria con grandissimo danno di tutti i vostri pensieri, essendo alla fine tanta l'autorità de papi et tali le forze loro, che, accostandosi con uno de duo principi, gli danno il gioco come che vinto nelle mani. » Et con tutto ciò sempre persevera nel primo proposito, volendo che il papa et suoi ministri habbino per certo che qui non si miri ad altro che alla conservatione della pace, trovando tutti i miei ragionamenti buoni, fedeli et amorevoli.

Trovasi l'armata già detta et che si chiama dello Strozzi, verso la Ruccella et Burdeos che farà vela quanto prima, ma al più presto tra sei o sette giorni, et sarà commandata dal barone della Guardia, huomo di anni poco meno di 80, catholico et famosissimo per l'imprese fatte in altri tempi, et quando per vecchiaia, o per altro accidente mancasse al suo carico, restarà il signor Filippo Strozzi.

Di Levante venne a 15 un gentilhuomo del pretenso vescovo d'Axe, ambasciatore del re al Turco, et subito si sparse voce che egli havesse havuto licenza di parlare in Constantinopoli con il Bailo ad ogni sua requisitione, havendo ridutto in buonissimo termine la pratica della pace tra Venetiani et il Turco. Et in corte, dissimulando di havere sin a quest'hora lette le lettere et parlato con l'huomo, non si può haver lume di cosa alcuna. Con tutto ciò ritraggo di luogo assai autentico Monsignor d'Axe esser stato mandato al Turco, per essere tra i ministri del re huomo confidentissimo à Venetiani, in Constantinopoli di consentimento del Turco haver parlato tre volte per negotii con il Bailo et essersi mossi ragionamenti delle conditioni che si haverebbono a osservare da Venetiani, se il Turco restituisse Cipri, parendo ragionevole per l'una et altra parte che si havessino a smantellare le fortezze, obligando i Venetiani a tenerle in quel modo et a pagare un grossissimo tributo. Et parendomi sì la risolutione di movere l'armata come questo poco che si è penetrato per la venuta dell' huomo di Monsignor d'Axe di dover far saper a Nostro Signore quanto prima, mi son resoluto di spedir un corriero espresso, vedendo detto inditio per la pace, che non si fanno provisioni di danari, di alcuna consideratione, et che Loro Maestà la promettano largamente, ma di quella dubitando per le pratiche strette che si hanno tutto il giorno con gli ambasciatori d'Inghilterra, con i desiderosi della guerra et con l'armiraglio, a che mandò il re le lettere di Constantinopoli subito dopo haverle lette.

Come passino particolarmente le cose Fiandra qui s'intende con difficultà, cavandosi ogni giorno dalli ugonotti nuove a loro profitto, i catholici poco abadandoci et del luogo medesimo havendosi lettere con difficultà per le prohibitioni fatte dal duca di Alva, che usa estrema diligenza acciochè le persone non scrivino. Et però conviene far giudicio da molti segni extrinseci che dimostrano hoggi in Fiandra guerreggiarsi da l'un canto et da l'altro con pochissime forze, conoscendo l'un et l'altra parte haver bisogno di maggiori aiuti, affatigandosi il duca d'Alva per havere i Valloni et Tedeschi che ha mandati a levar, et i ribelli per far dichiarar, quando gli fia possibile, il re di Francia per loro, sollevar tutti gli ugonotti et qualchi Alamanni et havere de commodi dalla regina d'Inghilterra, tirandola a prestar danari et suministrar gente con pegni et con darle intentione di qualche isola che le sia vicina, et già s'intende per parola uscita di bocca dell' ambasciatore Inglese quì residente che habbia accomodato il conte Ludovico di 500 mila scudi, pigliando in pegno delle gioie predate alla flotta di Portugallo, et in Flessing essere un capitano Inglese con 200 fanti.

Quando quì venne l'armiraglio d'Inghilterra a giurar la pace per parte della regina, Ella dovette sapere che le cerimonie furono fatte in chiesa, et secondo lo stile de catholici. Et essendo Monsignor de Momoransi et Fois andati in Inghilterra a far il medesimo a nome del re, si è detto che furno cantate delle prece et fatte per celebrationi dell' atto delle ceremonie alla ugonotta; et quanto al resto, sono stati accarezzati extremamente, spesati con 400 cavalli che havevano per tutto il regno, et presentati Momoransi di una coppa d'oro di valuta di 2000 scudi, di un buffetto di valuta di 6 mila, di sei chinee et dell'ordine della Giarettiera, et Jois ha havuto un buffetto di 1500 scudi.

Mentre che si seguitano li rumori et le suspitioni di guerra, acciochè loro Maestà mai dubitassino della mente del duca di Savoia, ha Sua Altezza fatto offerire di mandargli il principe, et come cosa ne presenti tempi superflua, gli è stato risposto cortesemente non accettando l'offerta. Ma quando si fusse proceduto altrimenti, non so se così presto si fusse venuto all' atto del mandarlo, amandosi quel principe tanto dalla madre, che, stando di continuo nella sua camera, non gli pare di vederlo a bastanza, et stando le cose del loro stato in maniera che per la conservatione è di mestiero di mantenersi senza rendersi suspetto all' uno et l'altro re.

L'altro giorno fu deliberato nel conseglio del re che tutti i personnaggi chiamati a consultare se era da far guerra o no, dovessino dare il suo parere in scritti, tanto i marescialli quanto Morviglicro et Limoges, il conte di Res, i principi che sono presenti et l'armiraglio. Et per lo più concludevano per la pace.

Sempre non ostante tutte le calamitati della regina di Scotia, quì è risceduto un suo ambasciatore, persona molto diligente et che si è servito del favore delli antecessori di Nostro Signore, trovandeselo proficuo; et il medesimo desiderando et sperando da Sua Beatitudine, mi ha pregato di scriverne acciochè mi habbia a commandare di esser seco et sempre che occorra di parlare al re, alla regina et a qualunque altro sarà espediente a suo favore, intorno a che mi governarò conforme ai commandamenti che da lei verranno.

Dubitandosi che Marsiglia sia mal fortificata et de progressi che potrebbe far l'armata del re di Spagna, quando si voltasse a danni di questo re, per vivere cautamente, vi mandano il marescial di Savoia a fortificarla, providendolo di 38 mila franchi. A 15 passò un corriero di Spagna che andava in Fiandra, et essi inteso di buon luogo alli huomini, mandati in Spagna dalle cittadi della Fiandra a querelarsi della rigidezza del duca di Alva et delle gravezze imposte, il re haver dato subita et grata audienza, mostrando d'intendere cose che gli dispiacevano, non conforme alli suoi ordini, et di volersi rimediare con gran gusto delli autori dell'accordo con li ugonotti, parendogli haverla intesa bene, et che le seditioni de populi si debbono quietare con le piacevolezze et non col ferro.

Della spesa del corriero piacendoglie potrà far rimborzare messer Pier Antonio Bandini, che ne darà il conto, et per quello che a me spetta, sia certa che Nostro Signore doverrà rimaner consolata, non essendo per lasciar indietro cosa che mi paia essere a proposito per reprimere gli affetti di questi spiriti seditiosi che ci danno noia.

Monsignore di Gajazzo si licentiarà hoggi dal re, presentandome come suo successore, e tra pochi giorni si metterà in viaggio. Et glie bascio le mani.

Di Parigi, li 16 di luglio 1572.

Di Vostra Signoria Illustrissima et Reverendissima

AFFETTIONATISSIMO ET HUMILLISIMO SERVITORE
IL VESCOVO SALVIATI.

Au dos : All'Illustrissimo et Reverendissimo Monsignore Padrone mio osservandissimo, il cardinal Buoncompagno, per servitio di Nostro Signore,

Roma.

Ibidem, p. 60 — Original.

9.

Paris, 21 juillet 1572.

LETTRE DE SALVIATI AU CARDINAL BUONCOMPAGNO.

Illustrissimo et Reverendissimo Monsignore Padrone mio osservandissimo.

Che l'armata dello Strozzo sia partita, sin'a quest'hora non si sa, con tutto che l'ordine andasse espresso, secondo scrissi a 16 mandando corriero a posta, benchè si giudica più tosto che per ancora non habbia fatto vela, non essendo possibile d'imbarcar genti et che un'armata di 6 mila fanti et 200 cavalli cominci a navigare senza consumare qualche giorno dopo havere ricevuto il commandamento della partita. Et della qualità de vascelli, si ha più tosto cattiva relatione che buona, come che fusse messa in ordine per doversi servire delle genti che haveva d'havere, et non per farla combatter in mare, o fusse per dar suspetto al re di Spagna et divertire la sua di andare si francamente a danni del Turco, o per assicurarsi il re che il re di Spagna non venisse contro delli suoi stati, mentre preparava armata gagliarda sotto pretesto di andar controi Turco, et in tempo che il Turco per impossibilità non armava da potergli resistere; ma dipoi essendo nati i tumulti di Fiandra, è stato cominciato a dimostrare al re che si potrebbe con essa impatronire della Fiandra, et alli ugonotti che sono andati in aiuto del Conte Ludouico per sollevargli, sono avisato che hanno fatto ogni opera per dar loro ad intendere che il re si sarebbe dichiarato in favore loro; et di tali avvisi con tutto che l'huomo si serva per dimostrare, quanto sia cosa pericolosa per il re di ascoltare huomini tanto artifitiosi, et che rompendosi la guerra, gran parte del governo necessariamente cadrebbe nelle lor mani, nondimeno sin qui vive la medesima negotiatione, se bene anco a me son sempre date le medesime buone parole, assicurandomi che Nostro Signore non debbe dubitare che il re sia per essere il primo a romper la guerra.

Dipoi che tornò Momoransi d'Inghilterra, vi si sono e espediti tre corrieri, et vorrebbe l'armiraglio tirar la regina a dichiararsi con il fargli venir voglia di alcune delle isole poste tra la Fiandra et Inghilterra, trattando piuttosto come da se che mostrando esser totalmente conscio della mente del re, non mancando di aiutarsi et intrinsecarsi ne negotii quanto sia possibile: et l'altra sera dicendo al re di volersi ritirare a riposare et spogliandosi per entrare in letto, subito partite le genti, entrò in camera detto armiraglio stando seco a solo a solo per lunghissimo spatio di tempo.

Che alle volte queste Maestà dicono a noi altri ambasciatori intentione di una cosa, facendone poi un'altra, non è da rammaricarsene, essendosi il re l'altro giorno riso dell'ambasciatore di Spagna, che ne vole fare un poco di risentimento, mostrando che procedendosi in tal modo in vano era qui tenuto dal suo re; et Dio voglia che non habbia procacciato il suo male et che per l'avenire non gli avvenga peggio.

Ecci pensiero di mandar di novo un personaggio al Turco, essendo in molta consideratione, Monsignor di Birone, riputato buon soldato, di valore grande ne negotii et confidente quasi d'ognuno, havendo per il re con sodisfatione trattate tutte le paci et accordi seguiti con gli ugonotti. Et quando fusse di mente di Nostro Signore che intorno a ciò si facesse un officio più che unaltro, desiderarei di esserne avvertito, conoscendo la cosa importantissima et gelosissima et da non communicarsi con persona.

Mi hanno tentato per saper se andrò alle nozze di Madama, proponendomi che in tal caso si debbe havere in consideratione la persona di lei, sorella del re, et non del re di Navarra; circa a che mi governarò secondo che di costà verranno le rissolutioni della dispensa, senza lasciarmi intender sin che se ne possa fare di manco, benchè per l'ultimo ordinario s'è in loro raffredduta la speranza di doverla havere, non confidandosi di poter condurre alla stessa il re di Navarra che in spatio di qualche mese, le nozze volendo fare di presente et l'ambasciatore scrivendo havergli detto Nostro Signore che, adesso che è morta la regina di Navarra, sa che questo re diventerà catholico; però per liberarsi da ogni difficultà, esser bene di soprasedere un poco nel dare detta dispensa, et la regina essendossi lamentata meco ho preso le parti di Sua Beatitudine, mostrando anch'io di essere della medesima openione et animandola a impresa si gloriosa et buona, che a lei è a cuore et che da altri non si potrebbe condurre a fine, quale già più d'una volta ha tentato il guado, sperando doverne con il tempo haver honore, se ben dubitando del quando.

Scrissi a giorni passati essere dispiaciato che il gran duca havesse aiutato il duca d'Alva a trovar danari. Con tutto ciò se la vanno passando camminandosi per via che facilmente si tornerà a trattare con la medesima confidenza di prima, se non per altro al meno per tenerne i Spagnuoli in gelosia.

Non si dubita punto che il Signor Chiappino Vitelli sia stato all' intorno di Monza ferito di un archibugiata in un piede.

Il cavaliere Gianello, huomo del duca di Ferrara, che venne poco dopo me, mentre che si dubitava in Italia che la guerra si havesse a romper subito, ancora ci si trattiene, trattando di riscuotere alcuni danari che si debbono al signor duca di paghe decorse, cosa difficile da ottenere ne tempi presenti che il re è tanto aggravato di spesa, volendo gli huomini prattichi delle cose del regno che, dovendosi far danari secondo che si comincia a motteggiare, non ci sia altro modo che di voltarsi alle chiese, possendosi sperare di cavar da esse dua milioni di franchi, sempre che imponghino di novo certe decime secondo il loro stile, et forse potrebbe il re accommodarsi di maggior summa, se uno editto publicato nuovamente partorirà lo effetto che si pensa. È costume in Francia di pagarsi de danari che se tengano da altri otto et un terzo d'interesse, tenendosene buona ragione nelle corte de parlamento, et il re per il novo editto commanda che per l'avvenire non si debba pagare da particolari più di sei, il che disturbando il traffico passato, i danari facilmente saranno prestati a lui, facendo obligar le cittadi secondo che si è cominciato accostumare da un tempo in quà et pagando d'interesse otto et un terzo, che è quasi il medesimo come se a Roma si prohibisse il fare de censi a più di sei per cento, et Nostro Signore creasse un monte a otto et un terzo.

Tra la duchessa di Nemors et Lungavilla si contrasta della precedenza, volendo ciascuna di loro trovarsi alle nozze che si debbono fare, et con grandissimo travaglio di loro Maestà che non vorrebbono dispiacere nè all'una nè all'altra.

Forsi si maraviglierà la Signoria Vostra Illustrissima et Reverendissima che io habbi indugiato tanto a dargli conto del viaggio che dovevo fare in Fiandra : et harei fatto sin a quest'hora se havessi visto quì le cose in termine da potere fondarsi sopra la resolutione che davano, ma vedendo tutto il contrario, ho pensato esser meglio di sospendere, per non mi muovere senza fondamento et con manifesto pericolo d'intraprendere cosa che potesse essere di poca reputatione alla Sedia Apostolica, par le varietà che quì nascono da un'hora all'altra. In questo mentre starò avvertito et mi sforzerò, nascendo qualche buona occasione, di non me la lasciare scappare di mano.

S'intende che, essendo andato Gianlis con sei mila fanti ugonotti et 800 cavalli cavati ultimamente di Francia per vittovagliare Monza, sono i fanti tutti stati dissipati et i cavallisi sono salvati fuggendo; et l'ultima certezza si doverà havere assai presto et saper chi sarà stato il primo, o il duca d'Alva o il conte Ludovico a ricevere aiuti d'Alemagna. Con che fo fine, restando sempre suo divotissimo servitore.

Di Parigi, li xxi di luglio MDLXXII.

Di Vostra Signoria Illustrissima et Reverendissima

Affettionatissimo et humilissimo
Il Vescovo Salviati.

Au dos : All'Illustrissimo et Reverendissimo Monsignor Padrone mio colendissimo Il Cardinale Buoncompagno, per servitio di Nostro Signore,

Roma.

Ibidem, p. 69. — Original.

10.

ADDITION CHIFFRÉE A LA LETTRE DE SALVIATI DU 21 JUILLET 1572 AU CARDINAL BUONCOMPAGNO.

Quì tuttavia il re è combattuto et per la pace et per la guerra, magnificando li ugonotti infinitamente le loro cose in Fiandra, et però credo essere stato fatto partire lo Strozzi con animo di aiutare il conte Ludovico, se si vederà il giuoco vinto, et quando sia il contrario, penso che darà una volta slargandosi un poco in mare et tornarsene: dal che giudico esser necessario, dovendosi mantenere la pace, che le cose del duca di Alva vadino bene, ma non vorrei già tanto, che metesse in suspitione costoro per essere troppo potente, o diventasse altiero più del dovere, perchè allora dubitarci del medesimo per altro rispetto.

Ibidem, p. 74.

11.

Paris, 22 juillet 1572.

LETTRE DE SALVIATI AU CARDINAL BUONCOMPAGNO.

Illustrissimo et Reverendissimo Monsignor Padron mio osservandissimo.

Sperando che questa possa esser a Lione prima della partita dell'ordinario, havendogli hieri scritto esserci avviso della rotta degl'ugonotti che andavano per vettovagliare et soccorrere Monza, hoggi gli dirò della certezza dove alcuni sono rimasti prigioni, parlandosi a centinai del numero di fanti et cavalli morti sino dall'huomini della medesima fattione, che ne sentono estremo dolore. Copia dell'avviso ricevuto dal segretario di Spagna gli manderò inclusa per ogni buon rispetto, con tutto che non dia intera notitia dell fatto, confidando nella bontà di Nostro Signore Dio più che in altra cosa.

Di Parigi, li 21 di luglio MDLXXII.

Di Vostra Signoria Illustrissima Reverendissima

AFFETTIONATISSIMO ET HUMILISSIMO SERVITORE
IL VESCOVO SALVIATI.

Au dos : All'Illustrissimo et Reverendissimo Monsignor Padron osservandissimo, il Signor Cardinale Buoncompagno, per servitio di Nostro Signore,

Roma.

Ibidem, p. 75 — Original.

12.

ADDITION CHIFFRÉE A LA LETTRE DE SALVIATI DU 22 JUILLET 1572 AU CARDINAL BUONCOMPAGNO.

Cifra di Monsignor Salviati, 22 julii 1572.

Vedo che la rotta delli ugonotti che andavano a Mons giovérà infinitamente alla conservatione della pace. Et quando siano tornati il re et madama la regente, che vanno girando per questi contorni, sarò con essi loro per non perdere sì buona occasione, et di mano in mano darò aviso. Et se il duca d'Alva facesse morire li prigioneri tutti ugonotti che ha in mano, secondo me si avvilirebbono infinitamente le cose delli ugonotti, recarebbe quiete al regno et ci potremmo più promettere che ci riuscisse di mantenere la pace : al che innanimarlo et riscaldarlo, ogniuno è buono, oltra che naturalmente è per inclinarci.

Ibidem, p. 76.

13.

Annexe a la lettre de Salviati du 22 juillet 1572.

Copie de la lettre du maistre des postes de Cambray envoyees a monsieur le secrétaire Aquillon.

Monseigneur Aquillon, je nay voulu faillir d'avertir Monseigneur l'ambassadeur des bonnes nouvelles. Ce jourdhuy, les Huguenotz de France ont estes tous desfaictz aupres de Sainct Vuillain, et sont tous mortz, sinon cent chevaulz qui sont sauves dedans le bois de Baidon. Mais l'on poursuit apres. Nostre camp est remis devant nous. Les Huguenotz sont tous bien mis au bois. Autre chose monsieur, (1) moy recommandant tousiours a vostre bonne grace, priant que Dieu vous garde de mal.

De Cambray, ce 18 de juillet 1572.

Ibidem, p. 77

(1) Il y a une omission dans le volume, probablement : « *je ne vous escris* ». Dans la traduction italienne on lit, en effet : « *Altro non vi scrivo* ».

11.

Paris, 25 juillet 1572.

LETTRE DE SALVIATI AU CARDINAL BUONCOMPAGNO.

Illustrissimo et Reverendissimo Monsignor
Padron mio colendissimo.

Oltre a quello che mi trovo haver scritto a 21 et 22, le diro quel di più che io so, havendo visto una lettera del signore Don Federico, figlio del duca d'Alva, di 20 del presente, quale avvisa che a 17 essendosi appressato Gianlis a Monsa per dargli soccorso con sei mila fanti et 500 cavalli, risolse di combatterlo, con tutto che si avvicinasse la notte, dubitando di non dover haver più commodità d'impedirgli l'entrar in Monsa, se perdeva quell' occasione, per essere vicino a certi boschi che l'haverebbono condutto sicuramente alla città. Nel primo incontro mostra che Gianlis dovesse con i suoi combattere assai valorosamente, ma durò poco, et essendo rotto, furono quasi tutti i suoi tagliati a pezzi da soldati di Don Federico, et le reliquie da vilani. Da Gianlis et alcuni pochi in poi che rimasero pregioni et de capi morti non nomina altro che Monsignor Romantin et il fratello, gentilhuomini, per quanto ho inteso se bene da persona non molto informata, Piccardi, et che da poco in qua hanno cominciato a seguitare le parti degli ugonotti.

De Spagnuoli dice Don Federico esser morti solamente tre, et feriti circa sette, lodandosi del valore de Valloni, e in tutto doveva havere intorno a cinque mila fanti et 1500 cavalli buoni. Il conte Ludovico s'intende per ancor esser in Monsa et non potere commodamente fuggire, quando dubitando delle forze di Don Federico si risolvesse di uscirsene. Del signor Chiappino Vitelli non si dubita che vi si sia trovato in persona, non ostante l'archibugiata ricevuta l'altro giorno nella gamba, che gli dovette più tosto far un fregio che ferita.

Crederò che con più commodità mandarà il duca d'Alva a dar conte al re di tutta la fattionne, et da me con tale occasione si faranno tutti gli offitii debiti et opportunì. Per via di un corriero del duca d'Alva spedito in Spagna s'è inoltre inteso che sabato, che fu a li 19, furono impiccati et giustitiati in Bruscelles circa à 40 di quegli che sono stati fatti prigioni nella rotta, et Gianlis solo è stato ritenuto vivo, il quale disperato et confuso non fa che pelarsi la barba; che il signor Chiappino non solo si è trovato in persona, ma che portò la nova al detto signor duca d'Alva; et che erano arrivati al campo di Don Federico sotto Monza sei milia fanti Alemanni. Et se altro mi capitarà, di mano in mano ne darò aviso alla Signoria Vostra Illustrissima et Reverendissima, facendoglie humilissimamente riverenza.

Di Parigi, li xxiii di luglio 1572.

Di Vostra Signoria Illustrissima et Reverendissima

AFFETTIONATISSIMO ET HUMILISSIMO SERVITORE
IL VESCOVO SALVIATI.

Au dos : All' Illustrissimo et Reverendissimo Monsignor Padron mio osservandissimo, il signor Cardinale Buoncompagno,

Per servitio di Nostro SIGNORE,
Roma.

Ibidem, p. 78. — Original.

15.

ADDITION CHIFFRÉE A LA LETTRE DE SALVIATI DU 23 JUILLET 1572 AU CARDINAL BUONCOMPAGNO.

Cifra di Monsignor Salviati 23 julii 1572.

Con tutto che non habbiamo quì il re nè madama regente, nondimeno da hiersera in qua ci è stato che fare assai, et più per me che per altri. Essendo trattato che Sua Maestà Christianissima devesse abbracciare la protettione de Francesi che sono prigioni nelle mani del duca di Alva, facendo ogni forza per rihavergli, nondimeno si è fatto tanto, che mi pare essere in sicuro et certo che la rotta di Giallis il re dimostrava con parole et atti estrinsechi rallegrarse, et questi seditiosi convenirà haver patienza et ramaricarsi tra loro, se Dio gli castiga.

Ibidem, p. 80.

16.

Paris, 1er août 1572.

LETTRE DE SALVIATI AU CARDINAL BUONCOMPAGNO.

Illustrissimo et Reverendissimo Monsignor Padron mio osservandissimo.

. . . .

Per avisi di mercanti di Fiandra havutisi da un corriero che a 25 passò per Spagna, ci fu rumore che Gianlis, essendo stato interrogato et forse tormentato da ministri del duca di Alva, per far buona la causa sua, diceva di essere andato in Fiandra come soldato del re di Francia, per guerreggiare a buona guerra, havendo havuto patenta per levar de genti, et havendo il re sborsato per la presente impresa da tre mesi in qua 700 mila ducati: il che so certissimo non esser vero, assicurandomene tanto, che, quando gli Spagnuoli punto ne dubitassero, ardirei di essortar Nostro Signore a parlarne sì liberamente come di cosa che, quando havessi havuta ad essere, fusse dovuta passare par le sue mani; con tutto che, se Monsa si fusse soccorsa et che le cose di costoro fussero passate con qualche prosperita et riuscita, secondo che s'ingegnavano di dimostrare che fusse in ogni modo per seguire, all'hora forse gli Spagnuoli havessino havuto qualche più giusta causa di sospettare.

Al duca d'Alva s'intende che per più bande sopragiungevano

novi soccorsi di gente, et anco che 'l principe d'Oranges si era accostato assai bene con buon numero di cavalli et fanti, che sara una mala cosa per la Fiandra, dovendo nutrire tanto numero di soldati forastieri.

L'ordine che lo Strozzi con l'armata preparata verso Burdeos dovesse partire non fu esseguito, et io vengo ad haver espedito malamente un corriero fondato sopra le commessioni del re et li raggionamenti havuti con loro Maesta et il timore che havevo in me medesimo che Nostro Signore non havesse dato speranza alli Spagnuoli che l'armata fusse per disfarsi per quello che prima n' havevo scritto . . . .

. . . .

Mongomeri, che giostrando ammazzò il re Henrico, vogliano che sia andato in Normandia a far gente per condurre in Fiandra a favore degl' ugonotti, che saranno cose lunghe et di poco o nessun momento, essendo tanto inanzi con la stagione, quando non intervenissi l'auttorità del re.

Monsignor di Gajazzo parti a 25 et se ne viene comodamente a giornate.

Seguita la rotta di Gianlis, scrissi una lettera al duca d'Alva, rallegrandomi seco della vittoria, ragguagliandolo delle commessioni havute da Nostro Signore nel particolar della pace, et della buona dispositione che trovo in queste Maestà. Et quando sia tempo di andar in persona, non mi lasciarò scappar l'occasione di mano.

. . . .

Potrebbe esser detto alla Signoria Vostra Illustrissima et Reverendissima, di alcune novelluzze che son corse per essere stato riferto all' ambasciatore di Spagna che l'armiraglio parlava resentitamente contra tutta la natione, et ciò facendo, pensando di recare aiuto a suoi fatti pregioni in Fiandra; ma alla fine il tutto si è quasi sopito da se stesso, et si doverà attender ad altro.

. . . .

Ibidem, p. 85. — Original.

17

Addition chiffrée a la lettre de Salviati du 1er aout 1572 au cardinal Buoncompagno.

Cifra di Monsignor Salviati, prima augusti 1572.

Pensando che questa debba esser portata da un corriero che spedisce il re, metterò assai cose in cifra, assicurandomi poi che sarò da lei tenuto segreto secondo che ricerca il dovere. È qui arrivato lo imbasciator de signori Venetiani, Giovanni Michele, et dubito assai per segni molto evidenti, ragionamenti et modi di fare che si sono visti, che lui non venga per trattare con il re cose appartenenti alla pace loro con il Turco, et conseguentemente non procuri, per quanto potrà, rottura con Spagna, cosa che anderia, secondo me, a gusto de principi di Francia. La rotta de Gianlis nuoce loro, non perchè alla fine sia cosa di momento, considerate le forze di questo regno, la perdita di quattro milia fauti et otto cento cavalli, ma perchè le cose de ugonotti, che in ogni modo vorriano indurre il re alla guerra, hanno perso assai di riputatione, et li loro contradittori, haveranno preso assai animo, et più efficacemente dimostreranno le difficultà che ci sono, a chi si vorrà impatronire della Fiandra; et se Gianis non era rotto, il disegno era, stando questo, mettere il re a cavallo del fosso, che, soccorso Monsa, si affrettasse il viaggio del principe di Orange, che è assai vicino, et lo Strozzi dall' altra parte smontasse in terra con le sue genti, havendo armata malissimo in ordine, senza munitioni, non atta a fare altro che a tragettare gente, quale adesso non s'intende che debba più partire. Lo ambasciator del re costì, scrivendo qua mille pazzie, si lamenta del cardinale di Loreno, ma se Dio vorrà che io possa riscontrare et trovare costoro fuora delle furie per conto della dispensa, non dubito di non havere a fare revocare, essendomi fino alla hora presente stato dimandato se Forcari fusse al proposito, huomo ch' è stato ambasciator in Spagna, a tutte le guerre di Siena, et confidente di madama la regente, quale si trattiene fuori, forse principalmente mostrando nel segreto di non si voler trovare dove si ragioni più di guerra, giudicandosi da lei la ruina del re; ma è stato chiamato per corriero a posta et verrà, et subito sarò seco; et hoggi ho ragionato lungamente con il conte di Res, che in ogni modo vuol pace, et non si è durato fatica ad accenderlo d'avvantaggio, con il quale vengono tutti quelli che hanno nella guerra civile, conoscendosi che, rompendo adesso con Spagna, non sariano tutti loro li carichi, ciascuno movendosi per suo interresse.

Ibidem, p. 91.

VII.

Rome, 30 juillet 1578.

Bulle du pape Grégoire XIII accordant un jubilé pour obtenir la fin des troubles en Flandre.

Gregorius episcopus servus servorum Dei universis Christifidelibus presentes litteras inspecturis salutem et apostolicam benedictionem.

Pro pastorali munere nobis divinitus iniuncto animo revolventes quam gravia christiane religioni immineant pericula quantoque in discrimine inter alias christiani orbis partes comitatus Flandrie aliaque ei regioni adiacentia loca charissimo in Christo filio Philippo, Hispaniarum regi catholico, subiecta versentur, et rebellium hominum et nefariorum hereticorum impietatem, qui multos ibi annos perniciosum bellum aluerunt et continenter gerunt, ad placandam Dei iram que in nos, nostris peccatis ita exigentibus, quotidie magis excitatur, ad eum imprimis qui pater est misericordiarum, totam mentem nostram convertimus eademque opera fidelem populum celestis gratie donis invitamus ut, orationibus, ieiuniis et elcemosinis una nobiscum incumbentes, Deum ipsum nobis propitium reddamus, cuius misericordia instantium malorum pericula a predictis reipublice christiane que vexantur partibus avertantur.

Quare ex parte omnipotentis Dei omnes utriusque sexus Christifideles tam in Alma Urbe nostra quam in ceteris dicti christiani orbis partibus quo maiore possumus charitatis affectu requirimus, ut in Urbe videlicet, prima vel secunda hebdomada post primam dominicam proximi mensis augusti, extra Urbem vero, ea hebdomada que post presentium notitiam protinus consequetur vel altera statim subsequenti, ad Dominum, qui, cum iratus est, misericordiam facit et in tempore tribulationis peccata dimittit invocantibus eum, humili et contrito cordo sese convertant, et in utravis predictarum hebdomadarum confessori idoneo, ab ordinario approbato, peccata sua confiteantur ac quarta et sexta feriis necnon die sabati ieiunent, orationes devote habeant et eleemosinas, qui illas dare potuerint, Christi pauperibus iuxta uniuscuiusque devotionem erogent, demum proximo die dominico vere penitentes et confessi sanctissimum Eucharistie Sacramentum omni reverentia suscipiant precesque pro fidei catholice defensione illiusque propugnatorum in dicto maxime bello prosperitate, impiorum atque hereticorum depressione, principum christianorum pace et populorum tranquillitate fundant. Et ut populi devotio ad hec pia opera amplius incitetur, in dicta Urbe publicas supplicationes dictis duabus feriis et sabato ac modo a vicario nostro prescribendo, extra Urbem vero duabus itidem feriis et sabato modo ab ordinariis locorum statuendo volumus celebrari, ad quas piis orationibus prosequendas fideles invitentur

Ceterum ut fideles ipsi ad hec omnia peragenda magis idonei efficiantur, de tradita nobis a Domino potestatis plenitudine Ecclesie thesauros, quorum divina favente clementia dispensatores effecti sumus, copiose ac benigne aperientes, omnibus christifidelibus supradictis ut hac vice tantum confessores idoneos presbyteros, seculares vel cuiusvis ordinis regulares, ut prefertur, approbatos eligere, qui, eorum confessionibus diligenter auditis, eos a quibusvis peccatis, criminibus, excessibus et delictis quantumcunque gravibus et enormibus et in casibus sedi apostolice reservatis ac in litteris die Cene Domini quotannis legi solitis contentis, in foro conscientie duntaxat ac etiam a sententiis, censuris et penis ecclesiasticis per eos quomodolibet incursis, iniuncta inde eis pro culpe modo penitentia salutari, absolvere ac quecunque per eos emissa vota, preterquam castitatis et religionis, in alia pietatis opera commutare valeant, per presentes concedimus. Nos enim omnibus qui premissa devote adimpleverint, de eiusdem omnipotentis Dei misericordia ac beatorum Petri et Pauli apostolorum eius autoritate confisi, plenissimam omnium peccatorum remissionem ac eandem que Christifidelibus anno Jubilei huius Alme Urbis ecclesias et extra eam deputatas statutis diebus devote visitantibus concessa est misericorditer in Domino elargimur. Eos quoque qui morbo vel aliquo impedimento detenti premissa adimplere nequiverint, si alia pia opera fecerint in que arbitrio suorum confessorum, quibus super hoc facultatem impartimur, commutata fuerint, ac etiam illos qui in itinere fuerint, si, cum primum iter perfecerint, premissa exequi studuerint, ipsius indulgentie et doni ac aliorum predictorum participes fieri volumus; Precipientes universis et singulis patriarchis, archiepiscopis, episcopis et quibusvis aliis ecclesiarum prelatis et locorum ordinariis, ut statim cum presentes litteras seu earum transumptum autenticum et impressum ad eos deferri contigerit, solemnes processiones tribus diebus, scilicet quarta et sexta feriis ac sabato predictis, iuxta locorum oportunitatem, ad effectum premissorum indicant et celebrent ac easdem presentes seu earum transumptum per suas quisque provincias, civitates et dioceses sine ulla fraude aut lucro publicent et per ecclesiarum rectores publicari faciant; non obstantibus constitutionibus et ordinationibus apostolicis ceterisque contrariis quibuscunque.

Sacra vero docente scriptura admoniti quantum apud Deum valeat assiduitas orationis, volumus ut in omnibus patriarchalibus, metropolitanis, cathedralibus et collegiatis secularibus et regularibus ac claustralibus ecclesiis, donec aliter per nos fuerit ordinatum, singulis diebus, ad altare maius, ante vel post missarum solemnia, litanie cum illis adiunctis seu aliis precibus iuxta formam a nobis prescriptam ab earundem ecclesiarum personis devote decantentur; diebus vero dominicis vel aliis de precepto ecclesie feriatis, ultra ipsarum litaniarum decantationem et processiones circa easdem ecclesias vel earum ambitum et claustra fieri omnino debeant; Quodque singule alie persone ecclesiastice tam seculares quam regulares in suas, si quas habent et in eis resident ecclesiis, vel si nullas habent aut in eis quas habent non resident, in aliis ecclesiis vel in suis domibus ipsas litanias et preces recitent, ut Deus populo suo omni qua fieri potest ratione placatus et propitius reddatur.

Quia vero presentes ad omnia loca quibus illis opus esset perferri nequeunt, decernimus ut illarum transumptis, etiam impressis, manu notarii publici subscriptis et sigillo alicuius persone in dignitate ecclesiastica constitute munitis, eadem prorsus fides adhibeatur que eisdem originalibus litteris adhiberetur, si forent exhibite vel ostense. Date Rome apud Sanctum Petrum, anno Incarnationis dominice millesimo quingentesimo septuagesimo octavo, tercio kalendas augusti, pontificatus nostri anno septimo.

Visa, Caesar Glorierius.

M. Datarius.

Archives vaticanes, arm. VIII, caps. V, nº 11. — Original sur parchemin avec sceau en plomb.

VIII.

Juin-août 1581.

Lettre du seigneur de Longueval concernant le projet d'intervention du duc d'Anjou en Flandre.

Monsignore.

Ho ricevuto la vostra lettera delli 4 di giugnio. Dio vogli che questo ultimo viaggio della regina apresso il duca d'Alensone habbia il frutto ch'ella desidera et merita per essergli così bona et affettionatissima madre! Mi pare ch'egli non poteva havere vento più prospero nel mare di quello che ce lo rimenò, non essendo alcuno più felice et sicuro porto per lui ch' el regno di Francia. Saria ben stato contra la dignità et grandezza del re et la sua che fusse arrivato a questo modo in Inghilterra. Egli vede che sin alli elementi più barbari lo vogliono consigliare. Io so ch'egli ha il core pieno di tanto valore, che nessuna cosa gli pare impossibile, ma bisogna misurarsi. Havete ben raggione di dire che lo dobbiamo conservare, poichè non sono più che duo di questa casa, et doppo il re non è cosa che dobbiano tenere più cara. Dio lo conservi sano in ogni modo! Certissimo è che la bona intelligentia di questo principe co'l re potrebbe adesso rimetter in questo regno la religione et obedientia più che mai, et accrescere lo stato et la riputatione nostra. Piaci a Dio che non perda questa occasione della quale poi si potesse pentire!

Due cose habbiamo da combatter in Francia : i ribelli del re et i vitii o mali costumi, et quando non vi fussero se non questi ultimi, è necessaria la pace, poichè con la guerra andaranno sempre crescendo. Però sarìa più bisogno d'un Catone per la censura de cattivi costumi del regno che d'un Scipione per fare nuovo acquisito de provintie, et a mio giudicio la virtù et prudentia di Monsignore si mostrarebbe maggiore nel difender l'acquistato, il qual è sicuro, che tra tanta corrottione, che si vede nel regno, voler acquistare di nuovo.

Io vorrei che sapesse quello che mosse il re Francesco a non accettare Gand nè molti altri luoghi di quel paese, benchè di quel tempo non vi fussero le due parti delle fortezze che poi sono state fatte là et nella frontiera. Io so questo dal già signore amiraglio d'Annebau et dal signore de Longavalle, mio zio, i quali s'intendevano molto delle cose di Fiandra, sì come ancora dal secretario Bayart, personnaggio molto prattico; et benchè tutti tre non seguitassero il partito del signore conestabile, gli ho nondimeno sentiti confessare ch'el re Francesco era stato molto ben consigliato a non ricever i Gantesi et altri quali sotto mano mostravano volere far il medesimo. Et ciò, tra l'altre raggioni, perchè questo veniva della ribellione de sudditi, il che è di mala consequentia per li re et monarchi, et ha questo ordinariamente un cattivo successo. Voi sapete quante fusse allhora l'obedientia nel regno et al contrario la licentia che vi è hoggi, et quello che ne potria seguire. Non bisogna rimetter in dubio le cose certe et sicure. Et si vede quanto sia hoggi fuor di proposito intrar in una guerra fuorastiera, et con si potente vicino.

Lasciamo da banda la giustitia della causa, che pur si deve ben pesare et considerare che Dio si chiama Dio delle bataglie: si vede per il trattato fatto col signore duca, se pur è quello che qui si vede nelle mani d'ogniuno, che, quando quelli che con lui hanno contrattato, potessino eseguire la lor promessa, egli non solo restarebbe lor compagno, ma servitor et sottoposto alla discretion d'un popolo pieno di rivolte. È gran tempo ch'io li conosco, et l'historia di Francia ne parla assai.

Noi sapiamo l'un et l'altro quanto importi la spesa della guerra et ch'ella non si può fare senza gran numero de fuorastieri. Si sa poi che vuol dir un grand esercito mal pagato, et l'insolentie che si commettono, s'egli è vittorioso. Quanto al fidarsi del aiuto de vicini, in materia di stato ogniuno vuole per se, nè si truova aiuto se non con pegno, essendo hoggi la maggior parte del mondo più fondata in apparentia che in fatti. È anchor una nuova maledittione che siamo sforzati a servirci de reistri a quali il popolo è abandonato : et in effetto hoggi, come maneggiamo la guerra, si fa più spesa in tratenere solamente i reistri et l'artigliera che del passato in pagare tutto l'ordinario et straordinario d'una guerra; et mi pare un miracolo che habbiamo potuto sopportare la spesa che s' è fatta da xxv anni. Voi sapete a che termine ne siamo ridutti.

Io non veggo che costoro presentino a Monsignor il duca un luogo solo dove egli possa liberamente commandare. Et quanto a Cambray, voi sapete ch' è terra d'un principe ecclesiastico dell' Imperio, benchè la citadella fu infeudata del tempo dell' imperatore Carlo quinto alla casa sua, et il vescovo ha sempre liberamente goduto la città et le sue regaglie, di maniera che saria di nuovo eccitare la Germania, al meno argomento bastante a chi già ci porta poca affettione.

Di più vi è grand apparentia che non si possa avittagliare senza una bataglia. Ma presupponghiamo che Monsignore habbia uguali o maggiori forze, et voi sapete s'egli è cosa che si debbia sperare, havendo essi gli fuorastieri come alle lor porte; et chi ha dinari può haver de reistri et lanschenetti quanto ne vuole: et è anchora pericolo, se non provediamo a nostri Svizzeri, che non piglino altro partito et che li scudi pistoleti li facino caminare. Voi sapete quante volte ho scritto questo massime alla bona memoria di Monsignor de Morviller, il quale rispose ch'era vero et era necessaria cosa da provedere.

Et quando vincessimo la bataglia, il che è tutto il meglio che si può sperare, vi si mette Monsignore a pericolo, oltra che vi potressimo perder molta nobiltà la cui perdita sentiressimo gran tempo, et se qualche disgratia venisse a Monsignore, si potrebbe dir il proverbio : *Victus flet et victor interiit.*

Parrebbe anchor a quelli che non conoscono la bontà et generosità del re, che Sua Maestà havesse consentito alla perdita di suo fratello et havesse presso di se un cattivo consiglio.

Che s'el re di Spagna perdesse questa bataglia, la potrebbe più facilmente ridrizzare per mare et per terra, dove se noi la perdessimo, voi vedete a qual risico ci mettiamo. Mi ricordo di quello che ho visto della bataglia di San Quintino, la cui memoria è anchora recente, et pure non vi era ancor male in alcuna parte del regno. Io vi dirò liberamente ch' el re è molto lodato dell' oppositione che ha fatta al fratello, non volendo romper la quiete della christianità. È da considerare che siamo nelle guerre civili, et che tal hoggi non fa dimostratione di cosa nessuna che dichiarandosi poi impedirebbe il re di dare la legge a i sudditi suoi a modo suo, nè mi pare sicuro di venir in questi termini. Uno delli argomenti che indussero il re Henrico a fare la pace, fu che vedeva che'l regno comminciava ad alterarsi per la religione et altre simultà. Et hora voi vedete in qual punto ce ne ritruoviamo.

Quanto alla promessa che Monsignore ha fatta, benchè non si dica espressamente, pur è conditionata di quello che si può. Hora l'obligatione sua non ha forza senza l'autorità del re, et gli deve esser scusa bastante appresso a Dio et gli huomini, oltra che ogniuno vede che da parte sua egli ha fatto il suo sforzo, nè può esser accusato in luogo del mondo di pocaggine, nè che habbia mancato di fede, con ciò sia che costoro non si sono ridutti a questa necessità per patto o conventione che habbia fatto con loro, ma ritruovandosi essi all' estremità sono ricorsi a lui, et egli gli ha promesso quanto in se fusse. A parlare secondo il mondo, questa impresa haveva ben più apparentia di potersi condur a fine sono alcuni mesi passati, che non havevano tanti dinari nè tanti huomini quanti adesso. Questa guerra è publicata da tanto tempo, che hanno potuto fare tutte le provisioni necessarie. Et quanto alli negotii di Spagna sono al colmo della lor felicità, et voi sapete ch'el mondo ha le sue mutationi et vicissitudini, et non bisogna affretarsi nè precipitar inanzi il tempo. Voi siate al theatro per conoscer ogni cosa meglio di nessuno.

Io so che si può dire che dipoi la morte di Henrico si sono date molte bataglie, delle quali il re ha ottenuto la vittoria: Ma vi è gran differentia tra una difesa necesaria per la religione, ordinata da Dio, giurata dal re al suo sacro et aiutata dalle preghiere della Chiesa universale, et tra la guerra della quale hoggi si tratta per protettione di ribelli et heretici. Io scrivo questo tra voi et me, nè me fiderei dirlo ad altro; ma per la confidentia che ho in voi, vedendo cosa che partienghi a servitio del re et bene di Monsignore, non posso fare di manco ch'io non ve ne scriva alla libera. Dio sa s'io desiderei la restitutione de tutti li regni et provincie che havemo altre volte posseduti.

Io vi ridurrò anchor a memoria due cose le quali ho viste. Il re Francesco non vuolse mai dare la bataglia nel campo di Ciallons, quando l'imperatore passò in Francia, benchè fusse il parere de molti gran capitani et che l'imperatore fusse a grand estremità de vittuaglie; anzi rispose il re che, se ben vincesse la bataglia, non poteva esser senza indebolirsi di tal modo che sarebbe poi costretto a fare bon mercato di se a gl'Inglesi, quali erano suoi nemici, et questo non voleva fare. Mi ricordo anchora dell'avittuagliare Landresy dove, per dire vero, si mosse poca roba dentro, et si ritirò il re giudicando di poterlo fare honestamente senza aspettare l'occasione della bataglia. Sono infiniti essempi di questo; ma non v'ho voluto parlare se non di quello che ho visto, come dell'avittuagliare Theroana: quanto travaglio diede questo al re etiam in tempo di pace! Et quello che si fece per Mariembourg! Hora la guerra si fa di tal maniera, ch'el più forte in campagna in tre mesi può piantar una terra dove gli piace, si come l'habbiamo visto per San Disiero et Landresy.

Io so che Cambray non si può sforzare, nè la cità nè la citadella; nondimeno sono ridutti alla fame et, come si dice, non possono più resistere due o tre mesi. Voi sapete se in quel tempo potressimo esser in ordine, et qual staggione seguita, poi che vienne il settembre con le pioggie et notte fredde, dove si conosce che li soldati voluntarii desiderano ritornar a casa loro, massime i nostri essendo tanto vicini. Et si vede, quando gli esserciti nostri vanno temporeggiando, quanto mancano del primo vigore. Di più se gli aversarii conosceranno che vogliamo dare la bataglia, come la lor intention è d'impedirci d'avittuagliare Cambray, tireranno le cose alla lunga et faranno quello che gli parrà più a proposito. Haverei ben più caro che Monsignore se n'impaciasse solamente come arbitro, lasciando Cambray nella sua libertà, come cità imperiale, al suo vescovo. Sono molte altre belle et sicure occasioni nella christianità per la grandezza di Monsignore, che gli reccarebbono gloria apresso Iddio et gli huomini et nelle quali verrebbe esser aiutato da tutti senza mettersi a risico di questa tanto pericolosa. Colui che giudica con la vera raggione ha sempre l'effetto della guerra. Et è necessario considerare che li vicini vedendo arrivare qualche disgratia, si ritirano et comminciano a scugire l'amicitia, se pur non la rompeno; di modo che dentro et di fuori sono molti pericoli. L'ambitione con l'occasione ha gran forza ne cuori degl' huomini.

Adurròvi un altra raggione : che non bisogna tentare Dio. Non parlo per i nostri catholici, i quali mi prometto che renderanno sempre mai fedel servitio al re; ma mettiamo che li cattivi fussero sotto mano fomentati de quatro o cinque cento milla scudi : questo saria una diversione molto fastidiosa et permetter il regno in grandissimi travagli, con ciò sia che di tutte le provincie non si potrebbe cavare un scudo solo per guerreggiare con i fuorastieri. Et quanti mali et inconvenienti che ne possono arrivare, da i savii debbono esser antiveduti : che per una sola commodità vi sono infiniti pericoli.

Hor, Monsignore, questo raggionamento è troppo lungo, massime che vi potrebbe esser cosa, ch'io non intendo. Ma parlando in generale questa guerra mi da paura, et desidererei la contentezza del re et la conservatione di Monsignore, con ciò che potessimo vedere Sua Maestà obedita per tutto il suo regno come si soleva.

Archives vaticanes, arm. XIV, caps. 1, nº 55. — Traduction du XVIe siècle.

IX.

Liège, 1er mai 1582.

Profession de foi d'Ernest de Bavière, évêque de Liège.

In nomine Domini amen. Per hoc presens publicum instrumentum cunctis pateat evidenter et sit notum, quod anno a Nativitate Domini millesimo quingentesimo octuagesimo secundo, indictione decima, mensis vero maii die prima, sub horam decimam ante meridiem, pontificatus sanctissimi in Christo patris et domini nostri domini Gregorii, divina providentia pape eius nominis decimi tertii anno decimo, in mea notarii publici ac testium infrascriptorum, presentia personaliter constitutus serenissimus princeps et reverendissimus dominus dominus Ernestus, Dei et Apostolice Sedis gratia electus et confirmatus Leodiensis, administrator Heldishemensis, Fresingensis et Stabulensis, comes palatinus Rheni, dux utriusque Bavarie et Bullonensis, marchio Francimontanus et comes Lossensis, Tongrensis, Hoinensis, etc., reverendo et generoso domino domino Winando Vanden Wyngaerde, insignis ecclesie cathedralis Leodiensis preposito, in eadem presentia personaliter item constituto, porrexit et exhibuit litteras patentes originales dicti sanctissimi domini nostri pape in membrana descriptas confirmationis postulationis ad episcopatum Leodiensem de persona dicti serenissimi principis et reverendissimi domini facte, bulla Sanctitatis Sue plumbea a cordulis canabeis more Romane curie dependente munitas, necnon et alteras litteras clausas membraneas simili Sanctitatis Sue bulla plumbea a cordulis canabeis item dependente munitas, quibus litteris superscriptum erat sic : *forma professionis fidei*, quarum quidem binarum litterarum copie auctentice una cum clausis ipsius serenissimi principis et reverendissimi domini ad Sanctitatem Suam litteris ac presente publico instrumento Sanctitati Sue transmittuntur, ab eodemque domino preposito instanter petiit, ut quoniam reverendus et generosus dominus Arnoldus Hoen ab Hontsbroeck, dicte ecclesie cathedralis decanus, cui una cum eodem domino preposito vel sine eo (receptio) professionis fidei in dictis litteris patentibus memorate queque in dictis litteris membranaceis clausis contineri crederetur, ab ipso serenissimo principe et reverendissimo domino, receptis dictis litteris patentibus, commissa erat, excusando se declaraverat se ad eidem professionis fidei receptioni intendendum propter misse maioris celebrationem, per ipsum dominum decanum tunc temporis faciendam, personaliter comparere non posse, ipse dominus prepositus, iuxta commissionem desuper dictis litteris patentibus sibi datam, eandem fidei professionem ab ipso serenissimo principe et reverendissimo domino recipere vellet. Ad quod quidem faciendum ubi dictus dominus prepositus se paratum ac promtum esse declarasset, idem serenissimus et reverendissimus dominus, apertis sua manu dictis litteris clausis, ex iisdem dictam fidei professionem fecit, et ad sancta Dei evangelia corporaliter inibi a se tacta et osculata spopondit, vovit ac iuravit sub hac verborum forma :

« Ego Ernestus, Dei et Apostolice Sedis gratia electus et confirmatus Leodiensis, administrator Heldishemensis, Freisingensis, Stabulensis, comes palatinus Rheni, dux utriusque Bavarie et Bullonensis, marchio Francimontanus, comes Lossensis, Tongrensis, Hoinensis, etc., firma fide credo et profiteor omnia et singula que continentur in Symbolo fidei quo sancta romana Ecclesia utitur, videlicet : Credo in unum dominum Deum Patrem omnipotentem *etc. ut in symbolo missæ usque* vitam venturi seculi. Amen. Apostolicas et ecclesiasticas traditiones, reliquasque eiusdem ecclesie observationes et constitutiones firmissime admitto et complector. Item sacram scripturam iuxta eum sensum quem tenuit et tenet sancta mater Ecclesia, cuius est iudicare de vero sensu et interpretatione sacrarum scripturarum, admitto, nec eam unquam nisi iuxta hunanimem consensum patrum accipiam et interpretabor. Profiteor quoque septem esse vere et proprie Sacramenta nove legis a Jesu Christo Domino Nostro instituta, atque ad salutem humani generis, licet non omnia singulis, necessaria, scilicet baptismum, confirmationem, eucharistiam, poenitentiam, extremam unctionem, ordinem et matrimonium, illaque gratiam conferre, et ex his baptismum, confirmationem et ordinem sine sacrilegio retardari non posse. Receptos quoque et approbatos Ecclesie catholice ritus in supradictorum omnium sacramentorum solemni administratione recipio et admitto. Omnia et singula que de peccato originali et de iustificatione in sacrosancta Tridentina synodo definita et declarata fuerunt, amplector et recipio. Profiteor pariter in missa offerri Deo verum, proprium et propitiatorium sacrificium pro vivis et defunctis, atque in sanctissimo Eucharistie sacramento esse vere realiter et substantialiter corpus et sanguinem una cum anima et divinitate Domini Nostri Jesu Christi, fierique conversionem totius substantie panis in corpus et totius substantie vini in sanguinem, quam conversionem catholica ecclesia transsubstantiationem appellat; fateor etiam sub altera tantum specie totum atque integrum Christum verumque sacramentum sumi constanter teneo. Purgatorium esse animasque ibi detentas fidelium suffragiis iuvari, similiter sanctos una cum Christo regnantes, venerandos atque invocandos esse, eosque orationes Deo pro nobis offerre, atque eorum reliquias esse venerandas firmissime assero. Imagines Christi ac Deipare semper Virginis, necnon aliorum sanctorum habendas et retinendas esse, atque eis debitum honorem ac venerationem impertiendam, indulgentiarum etiam potestatem a Christo in ecclesia relictam fuisse, illarumque usum christiano populo maxime salutarem esse affirmo. Sanctam, catholicam et apostolicam Romanam Ecclesiam omnium ecclesiarum matrem et magistram agnosco Romanoque Pontifici, beati Petri apostolorum principis successori ac Jesu Christi vicario, veram obedientiam spondeo ac iuro. Cetera item omnia a sacris canonibus et oecumenicis conciliis ac precipue a sacra Tridentina synodo tradita, definita et declarata indubitanter recipio atque profiteor, simulque contraria omnia atque hereses quascunque ab Ecclesia damnatas, reiectas et anathematizatas ego pariter damno, reiicio et anathemizo. Hanc veram catholicam fidem extra quam nemo salvus esse potest, quam in presenti sponte profiteor et veraciter teneo, eandem integram et inviolatam usque ad extremum vite spiritum constantissime, Deo adiuvante, retinebo et confitebor, atque a meis subditis vel illis quorum cura ad me in munere meo spectabit, teneri, doceri et predicari, quantum in me erit, curaturum ego idem Ernestus spondeo voveo ac iuro. Sic me Deus adiuvet et hec Sancta Dei Evangelia. »

Porro iisdem litteris sic erat subscriptus A. de Alexiis.

Super quibus omnibus et singulis premissis dictus serenissimus princeps et reverendissimus dominus a me notario infrascripto unum vel plura publicum seu publica fieri sibi petiit atque confici instrumentum et instrumenta. Acta fuerunt hec in camera ordinaria consilii secreti in palatio residentie eiusdem serenissimi et reverendissimi principis ac domini, in sua civitate Leodiensi prope ecclesiam suam cathedralem predictam sito, anno, indictione, mense, die, hora et pontificatu quibus supra, presentibus ibidem reverendis et clarissimis viris, dominis Laevino Torrentio, archidiacono Brabantie, in dicta ecclesia Leodiensi ipsius serenissimi principis et reverendissimi domini vicario in spiritualibus generali, Joanne Wittem, archidiacono Ardenne, in eadem ecclesia eiusdem serenissimi et reverendissimi domini cancellario, et Nicolao a Woestenraedt, eiusden ecclesie Leodiensis canonico et collegiate sancti Pauli dicte civitatis Leodiensis preposito, et cum pluribus aliis, omnibus ipsius serenissimi et reverendissimi domini consiliariis secretis et secretariis testibus ad premissa vocatis specialiter et rogatis.

Lamb. Coupey, notarius, approbo.

Ego Lambertus Coupey, clericus civitatis Leodiensis, sacris apostolica et imperiali auctoritatibus publicus necnon reverendorum illustrium generosorum et spectabilium dominorum capituli Leodiensis ac curie spiritualis dicte civitatis notarius iuratus, quia litterarum exhibitioni, apertioni, petitioni, fidei, professioni, sponsioni, voto ac iuramento, aliisque premissis, dum, sicut premittitur, fierent et agerentur, una cum prenominatis testibus interfui eaque sic fieri vidi et audivi, et in notam sumpsi, ideirco hoc presens publicum instrumentum, iis tamen auditis quibus me approbando subscripsi sive adscripsi, exinde confeci, signavi et in hanc publicam et autenticam formam redegi, meisque nomine, cognomine et signo maiorum solitis et consuetis signavi in fidem et testimonium premissorum vocatus et requisitus.

Archives vaticanes, arm. XI, caps. III, nº 54. — Original avec dessin d'armoiries en guise de sceau et portant l'inscription : *Spes mea in Deo salvatore meo.*

X.

Tournai, 20 janvier 1584.

Lettre d'Othon Henri, duc de Brunswick, au pape Grégoire XIII.

Beatissime Pater.

Non est quod Sanctitati Vestrae de novo recenseam difficillimam status mei rationem et vehementer enitar extremam paenuriam meam et miseriam, in qua adhuc versor, exagerare, cum Sanctitati Vestrae iam ab aliquot annis exilium meum, causa religionis catholicae voluntarium, et quam inierim malam gratiam non solum apud datrem meum ducem Ottonem Brunswicensem, sed et alios plerosque meos consanguineos, principes Imperii, affatim innotuerit. Qua ex causa factum est, ut non solum ego maxima, qua debui reverentia, ad Sanctitatis Vestrae pedes devolutus, omni alieno destitutus, suum proprium imploraverim auxilium, sed et serenissimi et potentissimi christianae religionis monarchae Philippi, regis Hispaniarium (ita tamen Sanctitate Vestra auctore) servitio, quam primum me consecraverim, et huc usque in hasce Belgiae partes, ut idem serenissimus rex clementer mihi iniunxerat processerim. Sed cum iam per aliquot menses non solum destructionem et depopulationem harum provinciarum magno meo dolore perspexerim, sed et inde resultans omnium rerum immensum pretium, egestatem et deffectum, etiam maximo meo damno, ut puta cui ultra alioquin necessarii sumptus non suppeditant, didicerim et bene expertus fuerim, ita ut quam magnopere etiam restringere res meas coner omnemque apparatum et faustum longe a me proffligem et deiiciam, non tamen mihi sit possibile, licet et liberalitate regia annui quidam in his regionibus dependant et mihi proveniant nummi, hac tenuitate mea hic demorari aut diu in his regionibus persistere, nisi ampliori quadam et a Sanctitate Vestra et a multoties iam dicto serenissimo Hispaniarum rege pecunia ad mei sustentationem prospiciatur.

Quapropter pura egestate impellor, ut, qui omnino ex proprio neque aliunde nihil habeam quo mihi consulem, et quemadmodum Sanctitas Vestra ab illustrissimo principe Parmensi, harum provinciarum gubernatore regio, credo, iam erit edocta et informata quod idem ego serenissimum regem humillime rogaverim et requisierim, benignam Sanctitatis Vestrae gratiam reverenter et omni qua possum maiori subiectione etiam invocem, annua mihi velit subvenire et succurrere pensione, et ea quidem tali qua et hosce graves in his partibus sumptus melius queam sustinere, et (quod semper mihi prae oculis atque mente magis obversatur) per me catholica nostra religio subsidium et incrementum suscipere possit. Liberalitas haec Sanctitatis Vestrae, quam tum omnibus ob fidem Christi exulantibus subveniendo sibi propriam addicere debet, tum in me erit clarissima et longe perspectissima, magnumque et evidens exemplum statuet omnibus simili errore quo ego a teneris, ut aiunt, unguiculis involutis ad resipiscendum et ad Ecclesiae catholicae gremium allacriter convolandum, cum non se omni ope neque auxilio destitutos aut neglectos videant, et inde melius vitae et saluti omnium consulatur. Haec modo omnia ut meipsum singulari et perspicacissimo Sanctitatis Vestrae, cuius pedes reverenter deosculor, iudicio libentissime submitto et, ut me dignum hac sua annua pensione et gratia, mihi valde necessaria, faciat, humilline attestor et precor. Deus Optimus Maximus in totius christianitatis suae emolumentum et conservationem quam diutissime Sanctitatem Vestram incolumen servet.

Datae Tornay, 20 ianuarii anno 1584.

Sanctitatis Vestrae

Humillimus et obedientissimus filius
Otto Henricus Dux Brunswicensis.

Au dos : Beatissimo Patri Gregorio XIII.

Archives vaticanes, Lettere di Principi, t. XXXVI. f. 227. — Autographe.

XI.

RÉPONSE DE PHILIPPE II A LA LETTRE DU ROI DE DANEMARK, DU 1er AVRIL 1586.

A la buena voluntad que V. me muestra por su carta de primero de abril, corresponderé de mi parte con el mismo amor y amistad, y holgaré, que en lo que se ofreciere adelante la prosigamos. El sentir los grandes travajos que ha avido y toda vía duran en mis Estados Baxos, y aquella larga guerra y rebelión, cosa es digna de V. y propria de todos los reyes y príncipes, por ser de vasallos contra su señor causa tan aborrecible, y que es de tan mal exemplo y consequencia para todos. El no les haver yo dado ocasión para tal motivo, es tan claro, que no cae debaxo de disputa; y si al principio fueron parte algunos ruines spíritus para engañar al pobre pueblo, y debaxo de aparencias que le davan á entender, inquietarle para sus intentos, ya el tiempo ha podido desengañar bastantemente á todos de aquel artificio, y la clemencia de padre con que yo he rescivido á los que se han buelto al buen camino de la devida obediencia, es bastante testimonio del amor con que los trato, y prenda para los otros que vinieren a hazer lo mismo, sin que tengan más que pedir; por que la libertad de conciencias que V. apunta que seria parte para sosegar lo todo, no se me deve proponer : pues si es llano entre otros príncipes no consentir a sus súbditos otra religión que la suya, tanto por vía de religion como por respecto de estado, ¿ cómo no me será á mí licito? Mas ¿ cómo podra dexar de serme obligatorio hazer por la fee verdadera en mis tierras lo que hazen otros en las suyas por erradas opiniones? Que, fuera de permitir cosa contra la santa fee catholica y obediencia que yo y mis súbditos devemos y tenemos dada y havemos perpétuamente de tener á la sancta Yglesia Romana y á nuestro muy Sancto Padre que en ella preside como á Vicario que es de Christo Nuestro Señor, en la tierra ninguna cosa podrán ellos querer y desear de mí en su beneficio que no hallen. Atento lo qual, no queriéndome medir con diferente medida de la que cada uno halla que le conviene usar en su casa, no dudo que V., confesándome la razón, que nadie puede negar estar de mi parte, verá que no son a mi cuenta los males que de aquellas guerras proceden ni queda por mí el atajarlos, pues si mis engañados súbditos buelven á la devida obediencia, hallarán perdón y piedad como le han hallado los demás.

Quanto a la mala vezindad que se me haze de Inglaterra, todos saben si allá havia causas y aun obligación para tratar comigo de otra manera; y V. puede juzgar de cuán poco peso son los colores con que quieren disculparse de lo que hazen y darle alguna apariencia, pues las concordias antiguas de aquel regno y los Paises Baxos, claro está que no se entienden, tomándolo sanamente, sino entre los señores de ambas partes, y no para que sea pretexto de rebolverse los súbditos. Toda vía por el buen ánimo con que creo que V. se mueve á desearnos concordia, no he querido cerrar la puerta á cosa en que pone la mano tan buen medianero y hermano. Y assí remito y cometo lo que toca á cosa á estos puntos al Príncipe de Parma, mi sobrino y governador general en los dichos mis Estados Baxos, diziéndole, como lo hagó por respecto de V., y ordenándole que si de la otra parte llegaren a la razón, él no se aparte della. V. entenderá quanta ay para que preceda la enmienda y satisfación donde han precedido las ofensas; y si allá reusaren esto, podrá ver cómo no respectan á V. tanto como yo le estimo y amo, que es de manera que siempre me hallará en todas ocasiones muy buen amigo y hermano.

Archives vaticanes, Lettere di Principi, t. XLI, f. 108. — Copie.

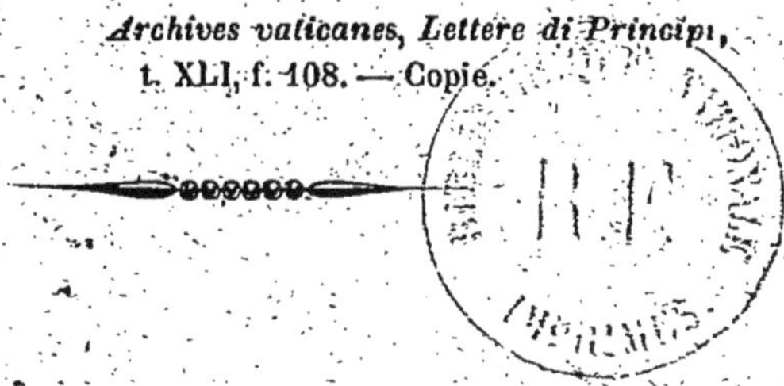

DU MÊME AUTEUR :

Les archives farnésiennes à Naples. Bruxelles, Hayez, 1890. Prix : 1 franc.

La querelle des investitures dans les diocèses de Liège et de Cambrai.

I. *Les réformes grégoriennes et les agitations réactionnaires (1075-1092)*. Louvain, Ch. Peeters, 1890. Prix : fr. 3,50.

II. *Le schisme (1092-1107)*. Ibidem, 1891. Prix : fr. 3,50.

Quelques documents concernant les Pays-Bas sous le règne de Charles-Quint. Ibidem, 1891. Prix : 1 franc.

Deux épisodes de la lutte de François Ier avec Charles-[illegible] en 1545. Bruxelles, Hayez, 1891. Prix : 1 franc.

Les desseins politiques de Léon X à son avènement [illegible] mission de Laurentio Campeggi en Flandre en [illegible]. Prix : 1 franc.

Épisodes de l'histoire d'Anvers en 1566. Correspondance [illegible] Daniel di Bomalès avec Francesco di Marchi (dans [illegible] *Analectes* pour servir à l'histoire ecclésiastique [illegible] Belgique). Louvain, Ch. Peeters, 1892.

La grande procession de Tournai. Ibidem. Prix : fr. [illegible]

Notes sur quelques sources manuscrites de l'histoire belge [illegible] Rome. Bruxelles, Hayez, 1892. Prix : 2 francs.